はじめに

　この本は，多くの先生方に普及している学級担任の仕事術から，特に先生方の多忙な新学期に，手軽にマネできて，しかも喜ばれる，そんな「定番メニュー」を集めてご紹介するものです。

　授業開きにぴったりのクイズや手品，科学実験をはじめ，教室を賑やかにする掲示物，子どもはもちろん保護者にも喜ばれる学級通信の作例のほか，家庭訪問や保護者会を楽しい時間に変える工夫，大人も楽しい授業参観向けプランなど，いずれも「これさえやっておけば安心！」と言えるような実践を紹介しています。

　また，お誕生会を盛り上げる楽しい楽器や，授業の指名や席替えで大活躍するクジなど，年間を通して使えるお役立ちグッズのコーナーも必見です。

　収録されている原稿はそれぞれ独立したものなので，まずは次ページからはじまる口絵を見て，気になったところからお読みになってみてください（本書は姉妹本『マネしたくなる学級担任の定番メニュー』とあわせてご活用いただくといっそう効果的です）。

■「たのしい授業」編集委員会

さそりの標本 35ペ 42ペ

「話したいけどきっかけがつかめない…」新学期のそんな子どもたちの間に自然とコミュニケーションが生まれる〈驚きのおもちゃ〉。作り方もご紹介。

中身はコレ

エナジースティック 46ペ 57ペ

スティックの両端を結ぶ回路ができると，音と光で知らせてくれる大人気グッズ。大人数で輪を作って心が通じ合っているか試したり，通電チェッカーに使ったり，遊び方いろいろ。

スプーンは？

チョークは？

光った！

えっバナナ！？

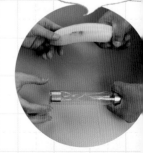

マジックトランプ

43ペ

裏面に描かれた花びらの模様で表面のマークの種類（♥♣◆♠）と数字が分かってしまう手品用トランプ。

このトランプと光にかざすとハートが見えるラブラブメガネを使った手品で，新学期を楽しくスタート！

授業プラン〈爆発〉

76ペ

派手な出会いを演出する衝撃の授業プラン。ドキドキワクワクの科学実験で授業開きを楽しもう。

ろうそくに……

アルコールの霧を……

ブワッ！

吹き付ける！

今度は空き缶の中にアルコールをシュッ

この穴に火をつけると？

切り絵

98ペ

下絵の黒線だけを残して切り抜き，あとは裏からおりがみを貼っていくだけ。手軽に季節感のある作品が作れます。

チョキ
チョキ

春

夏

秋

同じ型紙でも
こんなに違う！

冬

おりぞめ〈たまモノ〉 107ペ 115ペ

卵形に切った和紙を折り染めして目玉をつけるものづくり。みんなの〈たまモノ〉が揃うと，こんなに楽しい雰囲気に！学級目標の飾りにも使えます。

たま二型の和紙を…

折り染めして…

飾り付けてみると……

5年1組は どっちに転んでも、シメタ！

できた〜！

たまモノ 〈ほっぺちゃん〉 120ペ

赤丸シールのほっぺをつけると，さらにカワイイ たまモノ〈ほっぺちゃん〉誕生！

掲示物にも！

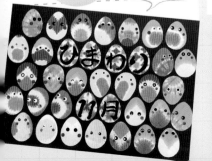

懇談会でおりぞめ 191ペ

ハートのかたちに染める〈ハートおりぞめ〉を親子参加の懇談会でやってみました。子どもの笑顔が見られるおりぞめは保護者にも好評。

みんなでワイワイ

黒ひげ危機一発 185ペ

懇談会の秘密兵器, それがコレ!
黒ひげが飛んだらお題に答えて
いく〈黒ひげ危機一発トーク〉
は大人にも大ウケ
です。

誰が
当たるかな?

なみだくじ 252ペ

筒を振って出たクジ
に書かれた番号の人
を指名する──それ
が〈なみだくじ〉。
当たってしまった人
も涙を呑んで発表し
てくれるはず…。

空き筒に数字を書いた
割り箸を入れるだけ!

ハッピーバンジー 244ペ

お誕生会で大活躍の「世界一なげやりな
楽器」。パイプを順番に落としていくと
「ハッピーバースデー」のメロディーが
演奏できます。

長さの違う
パイプを……

取り出し
て……

みんなで
演奏だ〜!

＼これで安心！／
新学期の定番メニュー

目次

●装丁・扉イラスト：いぐち ちほ　●口絵デザイン：竹田かずき
●写真撮影：泉田 謙　●本文カット：TAKORASU，かえる社，川瀬燿子，松浦素子

5 大人も楽しい！ 授業参観・公開授業

6 あると便利♪ お役立ちグッズ

出会いのとき，
大切にしたいこと
●新学期をいいイメージでスタートするために

小原茂巳　東京・明星大学（常勤教授）

編集：**高野　圭**　北海道・高校

　＊この原稿は 2013 年 4 月の「新学期スタート研究会」（たのしい教師入
　門サークル主催）での講演を編集したものです。

●〈第一印象〉はお互い様

　小原です。中学の理科教師を退職し，いまは明星大学で大学
生相手の講義を担当しています。

　4 月は新学期。学級開き・授業開きの季節ですね。

　この季節は，教師も子ども達もお互い，いいイメージを作り
上げていくための大切な時期です。「今度の先生，どういう先
生だろう？」「今度の子ども達はどんな雰囲気かな？」と，相
手のイメージを作る最初の段階です。だから，出来たらいいイ
メージを持ってスタートしたいというのが，お互いの共通の願
いではないでしょうか。

教師からしたら「今年の子ども達，意欲的に反応してくれる
なー」「うれしいなー。今年の一年間がたのしみだなー」と思
いたいし，子ども達にも「今度の先生，おもしろそうだなー！」
「たのしいことをいっぱい教えてくれそうだなー！」と思って
もらいたい。こんなふうに，子ども達との〈イイ先入観〉が持
ててスタートできるようなシメタを，みなさんと一緒に考えて
いけたらと思っています。

　……そうは言っても，出会ったばかりのお互いの〈第一
印象〉は難しい。ラッキーなこともあるけど，アンラッキーなことも
多いですね（笑）。なかなかうまくいきません。

　例えば，教師の立場からすると，にぎやかなクラスの担当に
なった時には，「なんか騒々しいクラスを受けもっちゃった
なー」とか「うるさいクラスで嫌だなー」とぼやくこともでき
るし，逆におとなしいクラスの担当になっても，「今度のクラ
スは無気力な子ども達が多いよなー」「俺もやる気なくなっちゃ
うなー」ともぼやける。つまり，どんなクラスを受け持っても，
ぼやこうと思えば，ぼやけちゃうわけです。

　でも，教師の立場だけじゃなくて，子どもの立場からだって
〈ぼやき〉は生まれます。

　例えば，「なんだよ，また男の先生かよー」「あーあ，年寄り
の先生か」と思っている子もいれば，別の子は「また女の先生
かよー」「なんだよ，新米かよ。ついてねぇな」と思っていた

りする。他にも，「怖そう」って思ったり，「頼りなさそう」って思ったり，数えればきりがなさそうです。

そうやって考えると，〈第一印象はお互い様〉です。教師と子ども達はいろんなプロセスで出会うわけですから，こう思っちゃうのは仕方のないことです。だから，最初はそういう〈ぼやき〉の中でスタートせざるを得ないですよ。

ここで問題になるのは，出会いのプロセスや第一印象をどうするかということではなく，最初の出会いを「明るく考える」か，「暗く考える」かということだと思います。

●どんなクラスでもシメタ

ところで，僕ら教師は初めてのクラスに向かう前に，クラスのことをいろいろ想像しますよね。頭の中で「こんなクラスかなー」と，なんとなく思い描くわけです。で，実際に会うと，「今度の子ども達，イイじゃ〜ん！」って思ったり，その逆で，「え〜っ，今度の子ども達，こんな子達なのー。ゲロゲロ……」って思ったり（笑）。良い悪いは別として，自分のイメージより上だったり下だったり，それぞれの位置がありますよね。

「自分が思い描いていたクラスのイメージ」と，「実際のクラスの第一印象」との違いについて，暗く考えるときりがないです。どんなクラスを持ったって暗く考えることができるんですから。自分のイメージより下（b）だったら，「えーっ，こん

な荒れたクラス持たされるの？　なんか
ガッカリ……」と考えちゃう。

○←想像より上
(a)

★←自分の想像して
いたイメージ

×←想像より下
(b)

　一方，自分のイメージより上（a）だっ
たら，「ラッキ〜ッ！」って思えそうだけど，
簡単に暗く考えられちゃいます。「こんな
すごいクラスもらって，明日から騒々しく
なったら俺の責任だ……」とか，「もし学級経営に失敗したら，
あの先生が受け持ったからクラスがボロボロになったなんて，
他の先生からウワサされるんだろうな。嫌だなー」みたいなね
(笑)。

　どんなクラスを持ったって，暗く考えだしたらきりがないわ
けで，明るく考えることが大事です。

　明るく考えると，〈a〉を持てたらラッキーですよ。おりこ
うさんだから，もうどんどんたのしいことをやっていけばいい
ですよね。〈b〉だったとしても，下は下でシメタですね。こ
れ以上，下がるところがないんだから，なんでも〈進歩〉が見
えるわけです。ちょっとたのしいことやれば乗ってくるしね。
やりがいがあります。

　だから，出会いは，上だろうが，下だろうが，どんなクラス
を受け持ったとしても，〈シメタ〉にしたいですね。

　だけど，それは発想法の問題で，「どちらを受け持ってもシ
メタと思え！」と言われても，なかなか難しい。本当は〈シメ

タ〉と思いたいけど思えないことも，現実にはたくさんありそうです。そんな話をもう少しだけ続けます。

問題はね，〈そこからスタート〉なわけで。

●今から，ここから

よく「他のクラスと自分のクラスを比べるとダメ」っていう話を聞きますけど，それよりもよくあるのは，〈自分が受け持った過去のクラス〉と〈今のクラス〉を比べるということです。「去年の子ども達はいい子だったのに，今年の子ども達はなんだ！」みたいなね。それもお互い様だと思うんです。子ども達だって，「前の先生はあんなたのしいことしてくれたのに，今度の先生はそれに比べてつまらない」って思うこともあるわけです。それと同じように教師も思ってしまったら寂しい。

暗く考えて，「もうガッカリ……」とずるずる後退するイメージを持ってしまう人がいますけれど，大事なのはそこからです。出会ったところからがスタートですからね。騒がしいクラスの一歩前進も，おとなしいクラスの一歩前進も，同じ。だから，どんなクラスだろうと一歩前進を目指せるといいよなーと思います。過去や周りのクラスと比べずに，出会った子達とそのときからスタートして，一歩前進を目指す。それが教師の役割という気がしています。

教師としての問題は，スタートした後に，目の前の子ども達

に何を投げかけられるかだものね。受け持つクラスが〈今どうか〉ではなくて〈これからどうなるか〉です。どんなたのしいこと，役立つこと，新しい世界との出会いを子ども達に提供できるかだよね。〈過去〉でも〈現在〉でもない，〈未来〉をどうするかが問題です。

●子どものスバラシサの発見

じゃあ，「今度の子ども達ってスバラシイよね」と思うためにはどうしたらいいかということを考えてみたいと思います。

子ども達のスバラシサって，じーっと見ててもよく見えませんね（笑）。偶然見えることはあるけどもね。「アイツ足早い」とか「アイツ絵が上手い」とか。でも，教師の仕事は，子ども達のスバラシサに偶然出会うのを待つことじゃないですね。もちろん，もし偶然見えたら，ほめてあげたり評価してあげたりするのが教師の仕事のひとつだけれども。

じゃあ，教師の一番の仕事は何かと考えると，目的意識的に教師が自ら何かをしてあげて，結果，子ども達に喜んでもらう，そのときの子どものスバラシサを発見するということだと思うんです。それをせずに，じっと見ているだけで，「今度の子どもは良くない」とか，「親もケシカラン」とか「この地域はダメだ」と愚痴を言う人がいるけど，そんなことは誰でも言えるんであって，まだ教師の仕事を果たしていないと思うんです。

何もしていないわけですからね。

　でもね，「子どもの良いところないかな？」と思って，じーっと子ども達を見つめると，だいたい子どもの「悪いところ」が見えてきます（爆笑）。

　ところで，板倉聖宣という研究者が，自身の著書の中で，子どもの素晴らしさについて「オモチャ」を例にした文章がありましたので紹介します。

　　ふつうの子どもたちは，ほこりをかぶったオモチャのように，一見汚ならしく見えたりします。しかしそれは，その一人ひとりの素晴らしさを知らないからこそ言えることなのです。もちろん，その素晴らしさを発見するのは，オモチャの面白さを発見するよりもずっと手間がかかることが少なくないに違いありません。オモチャの価値を発見するには，それで遊んでみるに限ります。それと同じように，子どもの価値は，その子どもを躍動させて初めて発見できるのです。子どもたちを躍動させることの出来ない人々は，建前的にはどんなに美しいことを言っていても，子どもの価値を発見できないに違いありません。（板倉「子どもの気持ちがわかる教師への道」『仮説実験授業の考え方』仮説社）

　オモチャって，見た目で「おー，カワイイ！」と思えるオモチャもあれば，見た目で判断すると「なーんだ，全然面白くないぞ」って思ってしまうオモチャもあります。その中から，僕らは好きなオモチャを，たいてい〈見た目〉で選びます。全然

面白くなさそうな，ほこりをかぶっているオモチャは，大人も子どもも手を出さない。でも，〈動かしてみると面白いオモチャ〉だってたくさんある。そういうオモチャは実際に触って動かしてみないとダメですね。ただ近くにいって眺めてるだけじゃ，面白さは見えてこないですよ。

　僕ら教師はつい，子どもを〈見た目〉で「なんだアイツは⁉」「アイツ，ちょっとなー」と嫌なイメージで考えちゃうことがあるじゃないですか。最初の出会いの時には特にね。

　それはしょうがないですよ。さっきも言った通り，教師と子どもの〈第一印象はお互い様〉ですからね。子どもと教師じゃなくても，大人同士でも一緒ですよね。「この人素敵だなー」と思うことがあれば，「この人ちょっとなー」と思うこともある。でも実際のトコロは，オモチャの例をあげた通り，見た目だけじゃわからないですね。いろんなきっかけで，子ども達が輝いてくれた時は，素直に「すごいなー」と思えます。

　動かしていないオモチャ（＝見た目ではイマイチな子ども達）についてボヤいている場合じゃなくて，教師の役目というのは，「おいおい，そうじゃないよ。オモチャ動かしてみようよ」と思えるかどうか。つまり，〈何をやるか〉（＝子ども達に何を問いかけるか）が重要です。そういう意味では，学校生活の中で大部分を占めるのが授業の時間ですから，〈たのしい授業〉というのが決定的に大事です。

子ども達が授業を通して意欲的になってくれる，頑張ってくれる，輝いてくれる——そんな授業を用意するのが教師の一番の仕事なんですよね。具体的に言うと，子ども達に，「おもしろいなー，この勉強は！」とか，「これって，どういうことだろう？」「ああ，そうか。こういうことなのか！」と思ってもらうこと。そのために，たのしい問題，子ども達が考えるに値する問題を出して，知的刺激を与えていくのが教師の役目です。

●たのしみ方は人それぞれ

　知的刺激の与え方は教師それぞれだと思うのですが，僕は仮説実験授業研究会という研究会に参加しているので，仮説実験授業の問題を使って子ども達に意欲的になってもらっていました。今パッと思い出すのは，《ものとその重さ》という授業書の中の問題ですね（右）。子どもだけじゃなくて，大人でも「わかるような，わからないような……」という問題ではないでしょうか。

　子ども達は，「木の重さだけ増えるだろう」と予想する子もいれば，「水の上に浮

〔問題1〕水の入った入れものを台ばかりにのせておいて，その水の中に木ぎれを浮かべたら重さはどうなるでしょう。

予想
ア．木の重さだけ重くなる。
イ．木の重さは加わらない。
ウ．木の重さの半分くらい増える。
エ．軽くなる。
オ．その他。

いているんだから全然変わらない」という予想の子，「木は半分浮かんでいるから，半分ぐらい増える」と予想する子もいます。こんな問題が，仮説実験授業では続々と出てきます。

　でも，「子ども達を意欲的にさせたらもうバッチリ！」というわけでもないようです。先ほどの板倉聖宣さんの文章の続きを紹介します。

　　それでは，子どもたちを躍動させたら，誰でもその子どもたちの素晴らしさがわかるものでしょうか。……どうもそうではないようです。

　あっさりと否定されましたね(笑)。たのしいことを提供して，子ども達に躍動してもらったら，それで子ども達のスバラシサが見えるかといったら，必ずしもそうじゃない。なんだかガクッときちゃいますね（笑）。

　先ほどの〔問題１〕にしても，活発に意見を言う子が登場してきた時に，「(活発な子ども達は) いい子ども達だなー」って教師は嬉しくなる一方で，意見を言わない子ども達には「なんだ，意欲がないなぁ」と思っちゃいそうになる。

　けれども，それも〈見た目〉ですものね。知的刺激を受けた時のたのしみ方は，本人が決めることなんですよ。〈本人が決める〉というのはどういう意味かというと，知的刺激を受けた時に，討論に参加して頑張る子もいれば，ある子はお行儀が悪

くなったりもする。おもしろいから，ソワソワして不安になり，「お前，これどれだと思う？　重さは変わると思うか？」と周りの子達とザワザワしだしたりね。実際に子ども達の前で実験すると，予想が当たった子は「勝ったー！」と叫んだり，はずれると「負けたー！」と悲鳴をあげたりします。小学校の低学年だと，泣き出す子もいるらしいですね。悔しくて（笑）。

　中学生になるともっと激しくなって，ツッパリ君だと予想がはずれたときに「この実験道具ぶっこわしてぇ！」とか「ムカツク！」みたいなヤバそうなこと言うんですよ。スバラシイかどうかは，だいぶ見えづらい（笑）。

　そういう光景を見ると，「勝ち負けにこだわるなよ……」とか「なんだ，その言葉使いは！」と，つい声をかけたくなるけれど，ぐっとこらえます。だって知的刺激を与えることによって，そこに革命を起こしているわけですからね。変化を与えているわけだから。これだけ激しい反応がおこっても不思議じゃない。子ども達のたのしみ方はそれぞれ自由なわけで。

　言葉使いが悪くなる瞬間があるかもしれないけど，その時はすぐ注意するんじゃなくて，「おー，これは一種の〈意欲〉の表れだよな」という視点で考えた方がいい。意欲を示してくれているから，叱るのではなくて，まずは「すばらしいな」と，教師が思えるかどうかが重要な気がします。

　僕が中学教師だった頃は，そういったぶっそうな言葉が飛び

交った時は「おいおい，そんな悔しいなら次の問題行こうかー」
とか，「おう，わかった。やる気は分かったけど，〈ぶっ殺す〉
はちょっとやめとこうな」みたいな声かけをしていましたね
（笑）。まずはその子ども達の意欲を認めてあげたい。

●元気でにぎやかな学生集団

　そういったぶっそうな子どもや，ほとんどしゃべらない子ど
もなんかは，本当にたのしんでくれているかどうかは見えづら
いことがありますね。子どもの気持ちが見えづらかった例で，
最近の僕の経験談をお話しします。

　僕は今，明星大学というところで「初等理科教育法」という
講義を担当しているのですが，とある特別にうるさいクラスが
ありました。「この学生達，将来何になりたいのかなー？」と思っ
たら，だいたい体育の先生か，警察官を目指すみたいです。だ
から，「体育は大好きだけど，理科の授業なんてちょっと
……」って学生も多かったんですよ。僕からしたら，「なんだ
こいつらはー！　元気だなー，うるさいなー！」ってカンジ。
学生達からしたら，「小原ってやつは，体育の先生に比べたら
ヘナヘナ。年寄りだよなー」ってカンジでしょうか。

　でも，それはさっきから言っている通り，初対面はお互い様
で，そこからスタートですからね。ヘナヘナ年寄りがこれから
何をするかが問題なわけです。僕は先ほど紹介した仮説実験授

業の問題を出しました。でも，問題の説明をしていてもうるさいわけ（笑）。そういう時は，授業後，しょっちゅう同僚の山路敏英先生に愚痴をこぼしていたりしましたね（笑）。

　ある日，学生や教師がいっしょに大きい教室に集められて，何かのガイダンスがあったんですよ。僕も教室の後ろに座っていました。そうしたら，あるかたまりがうるさいんですよ。「なんだあいつらは？」と思ったら，やっぱり例のうるさいクラス（笑）。声がでかくて目立つもんだから，僕の近くの席の教授達も気になっているんですよ。「あの学生たち，困ったねぇ」って。僕も授業で困っていたし，うるさいよなぁって思っていたから，「そうですねー」って相づちを打ちました。こういう時はなるべく一緒に愚痴を言っています（笑）。

　でも，僕が一緒になって教授たちとしゃべってたら，うるさいグループの連中の一人と目が合ってしまったんですよ。で，目が合ったらね，学生が「あっ！　小原先生だっ！」って大声で言うわけです。ピースサインまでされて（笑）。しかも，ガイダンスが終わった後，そのクラスの学生達が，僕のところを通って帰る時に，「小原先生！　またたのしい授業してね。いつもたのしみなんだよ。俺は！」って帰っていくわけですよ。びっくりしました。

　だから，本当にわからないですね。「他のクラスと比べると，あのクラスの学生達はちょっと……」という印象は，僕の中で

の相対評価なわけです．でも彼らからすれば，大学でいろんな講義を受けている中で，「小原の授業は，まぁ良い方じゃない？」「俺は好き」みたいなことを思ってくれていて，どちらかというと，歓迎してくれていたわけですよ．うれしいですね．その瞬間からこのクラスの学生たちが愛おしくなりました（笑）．

　せっかく学生達がこちらにハートマークを出してくれているのに，僕がそれを受け取らないというか，気づかないでいたら，それは不幸だという気がします．

●聞いてみなければわからない

　今の話は〈偶然〉相手の気持ちが見えたという話ですが，そんなことがあるからこそ僕がいつも大切にしていることがあります．それは，〈聞いてみなければわからない〉ということです．たとえば，授業を歓迎してくれていたかどうかは子ども達に聞いてみなければわからない．偶然を待つんじゃなく，子ども達に評価してもらうということです．

　子ども達に聞く方法はいろいろあるけれど，僕が一番イイなと思っているのは，感想文ですね．感想文を書いてもらうと，子ども達の気持ちが見える．ワイワイうるさかった子どもも，反応が薄い子どもも，実はたのしんでくれていたんだなーというのがわかります．

　感想文は「書かせる」のではなく，「書いてもらう」という

スタンスでいきます。フツーの学校における感想文では，「書かせるモノ」だったりしますから。例えば，体育祭が終わると，「はい，体育祭の感想文書きなさい」みたいなね。「えー！」って子ども達が言っても，教師が「でも書くの！」って強制したりしますね。すると子ども達は建前的なことを書いてくる。

　だから，「たのしんでくれるといいなと思って，僕はこの授業をしましたけど，どうでしたか？ たのしんでもらえましたか？ あなたの正直な気持ちを聞かせてください。つまらない時は〈つまらなかった〉でいいですよ」ってカンジの聞き方がいいですね。そうやって子ども達が書いてくれた感想文の方が，僕ら教師も喜べますよ。子ども達は建前的に書いてくるわけじゃないからね。

●教師の役割

　それでも，どんな教室にも嫌なやつっていちゃいますよねー（笑）。だいたい「この子，嫌なやつだな」と思っていると，相手も「小原は嫌なやつだな」と思っていますから（笑）。相手が子どもじゃなくても，大人同士でもありますよね。こっちが「苦手だなー」と思っていると，たいていあっちも「苦手だなー」と思っている。そういう時，大人が相手の時は，まぁほっときゃいいんですけど（笑）。ただね，教師と子どもとの関係でいったら，〈どっちが好きになるか合戦〉をやったら，やっぱり「先

に教師が子どもを好きになる」しかないでしょうね。

　つい教師って甘えるから，「子どもの方から自分（教師）を好きになってくれないかなー」って気持ちになっちゃう。学校で毎日顔を会わせて，同じ生活をしていると，僕が60歳で子どもが12歳ぐらいだって，精神年齢で言ったらほぼ同じ年齢になりますね（笑）。

　たまに，教師の僕の方がすねて，「アイツがこっちをふりむいてくれなきゃ，それでも別にいいやー」ってなっちゃうけれど，やっぱしこれはねぇ，マズイですよね，僕らは商売しているわけなので。こっち（教師）がお金をもらっている方だから，「先に好きになってみせる」のが教師でなくっちゃね。

　僕も明星大学で先生として教えることになったからには，「僕は明星大学の学生が好き！」って言えるようになりたいといつも思いながら講義をしています。時には「なんだコイツらはー！」って思っちゃう時もありますけれど，でも好きになるように僕がしないとね。あっちに要求するんじゃなくて。

　じゃあ，そういう苦手な学生達を好きになるにはどうしたらいいかというと，「好きになろう，好きになろう」って思ったって無理ですよ。好きじゃないんだもん（爆笑）。どうしたらいいかというと，相手に躍動してもらわないとね。躍動してもらうために，僕は何ができるかということを考えます。

　僕だったら，先ほど紹介した仮説実験授業をやりますね。理

科が好きな学生も，嫌いな学生も，「考えるに値する問題」を前にしたらザワザワしだします。無関心だった学生も意欲的になってくれるんです。そういう姿を見ると，「やったー」「いいなー」って僕も思えてくるし，「明星大学の学生たち，好き！」ってカンジになれるんですよ。

　みなさんはどうですか？　できれば，子ども達とイイ関係でないときは，「こっちから好きになってみせる！」という気持ちでいきましょうよ。さらに，その好きになれる手段を持っていると，イイことがありますよ。教師がハッピーになれるんじゃないかな。

●たのしい授業はいつからはじめたらいいのか

　〈たのしい授業〉を通して子ども達とイイ関係になりたいと思った時，教科書で面白い教材があればいいのですが，なかなかそうもいかないですね（笑）。少し教科書から離れても，良い教材（＝子ども達が躍動してくれる問題）をできれば提供してあげたい。一方で教科書の内容も伝えなくてはいけないので，時間の使い方や優先順位で悩みますね。

　考え方としては，「ツマラなくて苦しい授業だけど，まず，やらなくてはいけない内容をやってしまってから，最後にたのしい授業をする」という考え方と，「最初はたのしい授業，自分が自信のある授業をやる。自信がなくてツマラなくなりそう

だけどやらなくちゃいけない内容は，後回しにする」という考えのどちらかで悩んでしまいます。そのことについて，板倉聖宣さんは，とある座談会で触れています。

　　自分の得意な，自分の魅力を子どもたちにもっともよく認められる授業を，どこに持っていくかということね。（中略）同じことをやるのでも，信用されてる先生がやるのと，全然信用されてない先生がやるのとでは，まるでちがっちゃう。まったく信用を失ってからでは，かなり意欲的な教材をもってきても，「ヘンな先生がまたヘンなこと始めた」なんて（爆笑）……そういうことがあるらしい。そういう意味で，先々のことはともかく，まず最初に子どもたちから信用されるような，その信頼をつなぎとめられるような授業をやる必要があるのじゃないか。

　　　　　　（「最初の授業から楽しく」『最初の授業カタログ』仮説社）

　板倉さんが言っているように，できるだけ早い時期に先生の魅力を認めてもらえるといいですね。同じ教師でも「認めてもらっている教師」と「そうでない教師」とでは，子どもたちの反応が全然違ってくるものね。お願いや注意も，その受け取り方が全然違うものね。

　例えば「静かにしてください」という言葉も，「この先生いいなー，私好きだなー」と子ども達に思われている時の「静かにしてください」と，「この先生，私ちょっとキライ」と思われている時の「静かにしてください」は全然効果が違いますか

らね。認められていれば，「この先生だからちょっと聞いておこうか」ってなったりしますもんね。

　だから，最初はやっぱり自分の自信があるもので信頼を勝ち取った方がいいですよ。あるいは，自分に自信がなくても，「これだとたのしんでくれそうだ」と見通しが持てる教材を持ってきて，まずはやってみる。それで子ども達がたのしんでくれたら，それが自分の自信につながりますからね。

●僕の新学期定番メニュー

　僕の話でいえば，僕が中学教師の頃は，新学期のはじめには必ず仮説実験授業からはじめることにしていました。もちろんそれは人それぞれで，自分らしくやっていいと思うんだけど，どうして仮説実験授業が最初の授業のオススメなのか，少しだけ触れておこうと思います。

　　（信頼感も仮説実験的に育っていくものだから，最初の出会いが大事だという話から）授業書っていうものが，だいたいそういう構成になってるでしょ。つまり，「動機づけを大切にする」っていうことね。これから1年間学ぼうとしていることは，自分にとってすごく大事な面白いことなんだと思えるか。どうでもいい，つまらないことを我慢しなくちゃならないんだと思うか。（板倉，同上）

今の〈動機づけ〉という話に関連する話なんですけれども，僕ら教師っていうのは，はじめから「たいして意欲がない子ども達を相手にするのが仕事」と思っていた方がいいですね。「意欲がある子ども達がここに座っている」という気持ちでスタートすると，すぐに「なんでこっち見ないんだー！」とか「なんで内職しているんだー！」とか思ってむかつきますから（笑）。

　僕らの仕事はそうじゃない。特に小学校，中学校の子ども達は義務教育で無理矢理座らされているんですから。

　だから，目の前の子ども達の意欲がでるかどうかは，教師が次に何を言うか，何をするかにかかってるんですよね。教師の言葉・行動が，子ども達にふわっと意欲を出させたり，逆に意欲をなくさせたりします。意欲がない子ども達に意欲を出してもらうようにするのが，僕ら教師の商売ですね。

　そこを勘違いして，「意欲があるのが当たり前だ」っていう考えでいくと，たいてい子どもの愚痴がはじまります。「今度のクラスの子ども達はさっぱり勉強しない」「学力低い」「この地域はどうやら勉強しない子が多いらしい」みたいなね。こういう愚痴も，時には元気のモトにもなりうるから，僕もたまには愚痴をこぼすことはあるけれども（笑）。問題はやっぱり〈そこからスタート〉ですね。そういう子ども達を相手に，僕らは〈何ができるか？〉ということをいつも考えていきたいなと思います。

●出会った瞬間に何をするか

　先ほど，〈第一印象はお互い様〉という話をしましたけれど，それでもイイ印象で本当は出会いたいですよね（笑）。出会ったその後は，たのしい授業を提供したいと思っているけれども，〈出会った瞬間は何をするか〉。僕らの仲間はたいてい手品をしています。誰でもマネできるような簡単な手品です。別に手品じゃなくてもいいんですが，出会いの瞬間はお互い緊張していますから，何か一工夫して緊張を和らげたい。そういうのをクールオフってやつでしたっけ？　違う？　そんな言葉知らない？

　——会場から「アイスブレイクの間違いじゃない!?」の声。

　そうそう，「クールオフ」なんて言葉はないですね。「アイスブレイク」でしたね（爆笑）。お互いの凍ったカンジを溶かすように……みたいな意味ですかね。

　例えば，お手軽な手品でいうと，この「魔法使いの絵本」（下写真）っていうのが仮説社という出版社で売っていますけれど，出会いの時はこんなカンジでやっています。まぁ簡単ですが実演してみます。

　——といって，持ってきたバッ
　　グから絵本を取り出す。何の
　　変哲もない絵本……。

小原「みなさん，今日から新しい１年が始まりますね。環境

も変わってドキドキしている頃かな。今は絵本でいえばこん
　なカンジ……」

　──そう言いながら絵本をパラパラめくると，そこには真っ白な
　　ページが続いている。

小原「僕もがんばって，できるだけたのしい授業しますからね。
　みなさんもがんばって，ここに素敵な絵を描いてくださいね」

　──絵本をもう一度パラパラめくると，真っ白だったページになん
　　と，白黒の絵が！会場からは「おぉー」というどよめき。

小原「みんなでこの１年間ワイワイ楽しく授業して，みんな輝
　いて，進歩して，最終的にはみんなでこうなりましょうよ」

　──さらにもう一度ページをパラパラめくると，さっき描かれて
　　いた白黒の絵が，すべてカラーに！！（会場：ワァー！）

小原「みなさんがこのようにカラフルな学校生活を送れるよう
　なお手伝いをしていきますので，どうぞよろしくお願いしま
　すね」

　──会場拍手。パチパチー。

　例えばこんなカンジですかね。いやー，手品なんてなんだか
緊張するし，恥ずかしいですね（笑）。こんな年寄りでも緊張
しますから，若い人も緊張してアタリマエですから安心してく
ださいね。こういうコーヒーブレイク……じゃないや，アイス
ブレイクね（笑）。こういうのは保護者会の最初の挨拶とかに
も使えるみたい。今みたいな手品は，手先が器用じゃなくても

お金を払って手に入れれば誰でもできますよ（笑）。

　ただ，凍っていたのを溶かす（アイスブレイク）だけじゃなくて，そこから子ども達をもっと輝くようにしてあげないといけないよね。うるさいクラスなんか，子ども達がせっかく新学期で凍っているのに，ただ溶かしちゃうだけだとロクなことないもんね（爆笑）。出会いの瞬間は手品とかを使いながら緊張をやわらげて，その後は，やっぱり学ぶに値するものをドーンと出せるといいですね。

　「学ぶに値するものってなんだろなー」って思う方に，僕が一番におすすめするのは仮説実験授業です。誰でも追試できるからです。「学ぶに値する教材をアナタ自身が考えなさいよ」っていったって，とっても大変ですからね。そのためには相当研究しないと。子どもっていうのはこういう問題から入って，こうしてこうしていくと，すごいことが自分自身でわかって進歩できるんだよな……，みたいなことは，僕ら教師なんかは忙しくてなかなか研究できません。専門家だって，そう簡単に研究の結果は出せませんよね。それで，誰でもマネ出来て，学ぶに値する教材を仮説実験授業では用意しています。

　さて，今日は〈年寄りの知恵〉みたいなカンジの内容で，キラクに話させてもらいました。少しでもみなさんの役に立ったらうれしいです。どうもありがとうございました。（拍手）

　　＊仮説実験授業の授業書や「魔法使いの絵本」（税別1800円）は仮説
　　　社で販売しています。仮説社HP：https://www.kasetu.co.jp/

1 〈楽しみごと〉で **授業開き**

手をつないで仲良しの輪がどこまで広がるか，
「エナジースティック」でチャレンジしよう！

ぼく・わたしクイズ

峯岸昌弘 群馬・小学校

出会いの定番

新学期のたのしいスタートといえば，小原茂巳さんが紹介してくれた「自己紹介クイズ」です（詳しくは，『ぜったい盛り上がる！ゲーム＆体育』仮説社，参照）。これを知って以来，出会いの授業はいつもこれです。

4月に子どもたちの前に立つ時というのは，何年教師をしても緊張するものです。特に初任者の時は，一斉にたくさんの目が自分に向いているこの状況が，なんとも耐えがたいものでした。

大勢の前で話すというのは，誰だってそれだけで緊張します。しかも，初めてというのは，「失敗したらよくないイメージがつ

いてしまうかも」と思って余計に緊張してしまいます。そして，緊張するとうまく話せない…という悪循環。ところが「自己紹介クイズ」なら，それに従って話すだけなので，かなりリラックスしてできるし，しかも，たのしくできてしまうというスバラシイ方法です。

さて，大人だって緊張するのですから，子どもたちだって同じです。人前で話すのは緊張するし，イヤなはずです。それなのに，新任の頃の僕は「人前で話せるようになるために，子どものうちから練習だ！」などと言って，日直になった子には，みんなの前で「朝のスピーチ」

をさせていました。うまく話せる子はいいのですが，話せない子は大変です。ただでさえ話すことが苦手なのに，そういう子って話す内容にも自信がないんですよね。

「先生…話すことがない…」と相談にきます。相談に来るならまだいいですが，話す用意すら忘れていて，当日，朝から立ちすくむ子どもの光景もよく見られました。

いま考えてみれば，「目標と全く逆のことをしていたなぁ」と思います。「人前で話せるように」ということを目標にしていながら，やらせればやらせるほど，「話せない子」にしてしまっていたような気がします。よかれと思ってやっていたことですが，言葉が出ずに立ちすくんでしまうくらいイヤな思いをしたら，それだけで人前で話す「意欲」や「自信」を失ってしまうと思います。それに日直を毎日やるわけでも

ないので，一回挫折したらなかなか立ち直る機会もありません。

子どもたちは，僕らとは比べものにならないくらい話すことに関する自信はないはずです。そんな子どもたちだからこそ，「自己紹介クイズ」みたいな「人前でリラックスして話す方法」を教えてあげることが必要だと思うのです。

そこで考えたのが「子ども版・自己紹介クイズ」……その名も「ぼく・わたしクイズ」です。

クイズのやり方

①準備

「ぼく・わたしクイズ」用の紙（34ペ参照）をたくさん印刷しておきます。先生の自己紹介クイズや後に紹介する例を参考に，書き方の説明をします。自分のことならどんなことでも問題にしてよいことにすれば，「話すことがない」と相談にくる子もいなくなります。たくさん紙を持つ

て帰り，たくさん問題を作って
きて，「どの問題がいいかな〜」
なんて相談にくる子の方が増え
てしまうくらいです。話すとき
は，時間の関係上１人１問の出
題にしています。

②話す

日直は２人組が基本です。片
方が司会者になって，「今週のス
ピーチは〈ぼく・わたしクイズ〉
です。はじめに，○○さんが話
します」という朝の会らしいセ
リフを言い，もう１人の日直が
自分の問題を，書いてきた紙に
従ってみんなに聞こえるように
読み上げます（紙は見ながらでO
K！）。

　問題です。わたしが今，はまっ
ている遊びは何でしょう？
ア．なわとび　イ．シール作り
ウ．お絵かき　エ．穴ほり

出題者が問題を出している間
に，司会者が選択肢を板書しま
す（低学年の場合は先生が板書し
た方がいいと思います）。板書が

終わったら，話す人が「アの
〈なわとび〉だと思う人〜」と聞
き，司会者が人数を数えて板書
していきます。それをエまで繰
り返し，ひと通り聞き終わった
ら，予想変更があるか聞きます
（あまり時間がない場合は「今日は，
変更なしね」と，はじめからお願
いしておきます）。

③正解発表

出題者は手に「ピンポンブー」
（下の写真。仮説社でも販売）を持
ちます。そして，もう一人の日
直である司会者がその子に正解
を聞いていきます。

ボタンを押すと「ピンポン！」「ブ
ー！」と電子音が鳴るおもちゃ

「それでは正解を聞きます。今，
○○さんがはまっている遊びは，
アの〈なわとび〉ですか？」

「ブー！」

「イの〈シール作り〉ですか？」

「ピンポン！」

「イェーーイ！！」（正解した皆さん）

「一応，聞いていきますね。ウの〈お絵かき〉ですか？」

「ブ・ブー！」

「エの〈穴ほり〉ですか？」

「ブーーー！」

という感じでやっていきます。

もともと子どもは「ピンポンブー」を触りたいんですよね。でも，僕はあえて日直の時にしか触らせないようにしています。電池がもったいないし（笑）。そうすると，低学年などでは話したくて話したくて（そしてピンポンブーを触りたくて），日直が待ち遠しい状態になります。

④質問タイム

最後に，話す人が「何か質問はありますか？」というと，たくさん手があがって盛り上がります。「シールはどうやって作る

んですか？」「どんなシールを作るんですか？」「他の選択肢に意味はあるんですか？」などなど……。

すると，出題者は喜んで答えます。すべて自分のことに関する質問なので，「自分に興味を持ってもらえている」と思えてうれしくなるのでしょう。

——以上が「ぼく・わたしクイズ」の基本的な流れです。一人目が終わったら，司会と出題者をチェンジして，もう一人が同じように問題を出します。1人3分程度かかるので，6分強の時間が必要です。

ポイント・お話あれこれ

子どもが考えてくる問題は様々。選択肢が数字になるシリーズ（例：「ぼくの家族は何人でしょう？」「わたしは水泳何級でしょう？」「僕は空手の大会に何回出たことがあるでしょう？」etc）とか，

「最近好きな遊びシリーズ」「僕の宝物は何でしょう？シリーズ」などが小学校2年生の定番問題でした。定番だけどたのしめるんですよね。

高学年になると、「エピソードシリーズ」が人気です。

昨日、親とケンカしました。原因はなんでしょう？

　ア．夕飯が朝と一緒だった。

　イ．勉強しろとうるさい。

　ウ．携帯を買ってくれない。

　エ．お前はアニメオタクだとののしられた。

……とか。この正解は「エ．アニメオタクだとののしられた」で、「何でそんなことでケンカしたの？」という他の子からの質問に「自覚はしてるが、言われるのは腹が立つ」と答えていました（笑）。そういう話題が出ると、「ああ、言われたくないんだ。気をつけよう」と、みんなが思えていいですよ。

子どもの中には正解以外の選択肢にも意味を持たせている場合があって、〈ブー〉の選択肢でも、「ちょっと前は好きだったもの」だったり、「これはわたしのお姉ちゃんの答え」だったり、〈おまけ紹介〉ができたりしてたのしめます。慣れてくると、子どもからも「他の選択肢に意味はあるんですか？」などと質問がありますが、特になければ、担任から「このエの答えって、意味あるの？」などと聞いてあげると喜びます。

低学年の場合は、初めのうち、コツがつかめるまで「わたしの好きな○○は何でしょう？」とか、問題を限定してあげる方がよいかもしれません（あえて束縛することで、問題が作りやすくなります）。

たのしい授業の入り口に

以前、低学年のクラスで、自閉＋多動的なお子さんを担任したことがありました。その子は、

目を離すと一瞬で教室からいなくなれる強者で，クラスでは大盛り上がりだった定番ゲーム「クイズ100人に聞きました」(『教室の定番ゲーム』仮説社）や，授業書《空気と水》でも，全く興味を示しませんでした。学期始めは，逃げた彼を追いかける日々が続いて参りそうになりました。

ところが，そんな彼も４月の終わりごろになると，「ぼく・わたしクイズ」には興味をもって参加してくれるようになったのです。当たっても外れてもうれしそうにしているし，「できないかもしれない」と思われた自分の番でも，変な選択肢ではあったけど，たのしそうに問題を出していました。

朝，教室になんて絶対にいられなかった彼でしたが，廊下のすみでピョコピョコしている彼に「クイズ始まるよ～！」と呼びかけるだけで，飛んで戻ってくるようになりました。「毎日」「決まった時間に」「同じような問題」が出て「たのしい」というのがよかったみたいです。さらに，これを機に仮説実験授業にも参加できるようになったことが大きな収穫でした。選択肢に手をあげること，外れても当たってもたのしいことなどに慣れたのです。そんな，彼や僕を助けてくれたこの「自己紹介クイズ」の方法に，大変感謝しているのです。

用意しておく紙は次ページのような感じです。大きさはＡ５かＢ６の小さいものにしていました。手書きでもＯＫです。そのうち，この紙がなくてもできるようになります。おりがみの裏に書いてきたりしてきた子もいたし，書かないで問題を出している子もいました。

気軽にはじめられて，誰でも楽しめるスピーチですので，ぜひ，試してみてください！

ぼく・わたしクイズ

<u>名前</u>

・自分のことに関する問題を書きましょう。
・この紙を見ながら話してもよいですが，みんなに
　聞こえる声で話しましょう。

問題 _____

_____

_____

ア. _____

イ. _____

ウ. _____

エ. _____

日直の予定 　　月　　日（　　）

学級開きは
こさそりの標本で

比嘉仁子 （ひがじんこ）　沖縄・小学校

　2004年4月。私は初めて6年生担当になりました。これまで2年生，4年生，5年生を受け持ってきましたが（臨時採用時代も含む），6年生担当は初めてです。

　6年というと，私のまわりでは「最上級生として，学校の顔になり，委員会活動や1年生の世話，行事の中心，そして中学校への橋渡しを…」などと言われています。だから6年生本人たちの心には，多くの期待と不安がのしかかります。そういう私も〈責任ある学年の担任だ！〉と意識しているせいか，不安が大きく，なんだか逃げ腰になっていました。

　そんな不安を抱えながらも，入学式の準備や片づけなどに追われ，思うような学級開きもできないまま，2日が過ぎていました。

　これじゃ，6年になった楽しみも感じられないんじゃないかな？　新しく出会った級友と話しはじめるキッカケがつかめないんじゃないかな？　私には，忙しくてもお互いが歩み寄れる時間を数多く持ちたい，そして，楽しい1年の始まりを予感させたい，という願いがありました。

〈こさそりの標本〉で学級開き

　私は毎年，4月の第1週目には，「学級開き」的に〈こさそ

りの標本作り〉を入れています。

*包み紙を開くと，中に入っているさそり（？）が突然動き出し，開けた人を驚かせるおもちゃ（口絵参照）。作り方は41，42ぺ。

それはなぜかというと……4月は子どもたち同士でも，「話したいけど，きっかけがつかめないでドキドキ」という時期です。家族も学校の様子をとても気にしていると思います。こさそりの標本作りをすることによって，

①そのビックリを友達に試したくなる。

→友達とコミュニケーションをとりやすくなるのではないだろうか？

②家に帰って家族にも試したくなるので，必然的に会話が増える。

→学校の様子が少しは家の方に伝わるのではないだろうか？

　そんな気持ちで，このおもちゃ作りをこの時期にいれてい

ます。

　さて，入学式が終わってから，1人の男の子がこういいました。

野原くん「先生，さそりの標本，4年生のとき作ったね！ またやるの？」

私「う～ん，そうだね，どうだった？」

野原くん「楽しかったよ」

私「またやるとしたら？」

野原くん「やっていいよ，また，作ってもいい。作ろう！」

　実は，今年受け持ちの6年生の中には，4年生のときに担当だった子どもたちが混じっているのです。だから，クラス31名中，6名は私のことをよく知っています。

　「一度作ったものをもう一度作っても面白くないだろうな」と思っていた矢先の，野原くんの「また作ろう！」の声。そう

か！ 彼が言うなら, まずはやってみよう。4年生のとき私の学級で作ったら, ほかのクラスの子にもうらやましがられたし, 今年は今年でメンバーもちょっと違う。

野原くんの一声で, 私はこの学年への不安から脱出できる一筋の光を見つけた気分でした。

今年はついでに説明書も

『たのしい授業プラン国語2』（仮説社）に, 木下富美子さんの「サソリの標本でたのしい作文」（93ペ）という記事が掲載されています。しかしこれまで私は, 木下さんのようにたのしい作文, つまり「他人に作り方を教える作文」を書くことまではしていませんでした。標本を作って, その感想を日記に書いてきてもらったり, 「家の人や友達に試してみてどう反応したか？」を書いてきてもらう程度でした。

しかし, 今年は, 楽しさの勢いにのって, 「作り方の記録」を残しておいてほしい, と考えました。

私「今日は, おととい見せた〈さそりの標本〉を作ります」

みんな「わぁ～！ やった！」（ワイワイガヤガヤ……）

私「でも, 今年は今までよりグレードをアップさせて, 説明書作りまでしようと思います」

みんな「え？ 何か書くの？」

私「もし作ったら, その作り方と遊び方を書いておけば, また作ることができるよ。だから, ぜひ書いておこうよ！」

…というわけで, 〈パンフレットみたいな説明書つき, こさそりの標本作り〉をはじめることにしました。

まずはおもちゃ作りから

このおもちゃのいいところは, 〈失敗をしても修正がわり

と簡単！〉なところです。だから，完成できなくてめげてしまう人は，これまでの経験ではいません。あえて，とくに失敗しやすいところをあげておくと，ワッシャーにつけるゴムの巻き方とその仕掛けの貼り方なのです。私自身，初めて作るものは80％失敗するという不器用なやつなので，その失敗談をもとに，子どもたちに説明していきます。その後，遊ぶ時間をとり，説明書作りまで入れると，90分は必要です。私が説明しながら一緒に標本を作りました。グループで早く出来上がった子は，友達に教えることにします。

　子どもたちは，互いにガムテープを張る位置をアドバイスし合い，ゴムの巻き方を研究し合っていました。う〜ん！ まさに私の狙い通り！ 見る間に子どもたちにおしゃべりの輪が広がっていきました。

＊

　さて，おもちゃ作りも終え，それを使った遊びも一段落したところで，いよいよ説明書作りです。そこで，「説明書ってどんなところで見たことがある？」と，子どもたちに聞いてみました。

　「新しいおもちゃを買ったとき」

　「薬の説明書」

　子どもたちは，日常生活の説明書にもよく目を向けています。

　次に，「どんなことが書かれているか？」と聞いてみます。

　「作り方とか，使い方が書かれている」

　「材料も書いている」

　私も「料理の本なども作り方の手順を順番よく書いてあるね。図入りで説明されていると，作る人も作りやすそうだね」などと話しました。すると小浜くんが，「先生，使用上の注意も

書いてあるよ。あれも書いてい
い?」と言いました。

　私は、「お、いい発想! そう
だね、使用上の注意は必要だね。
そのおもちゃでどんなことが起
こるかわかんないしね!」とい
うことで〈これだけは入れてお
きたい項目〉を次のようにしま
した。

①タイトル（こさそりの標本の
　作り方とその使い方）
②材料
③作り方（図入り）
④遊び方
⑤使用上の注意

たのしくできた学級開き

　「めんどくさいといって鉛筆
が進まない子がいるのではない
か?」「これは、単純におもちゃ
作りだけでも良かったのではな
いだろうか?」と思いながら、
子どもたちの書きぶりをちょっ
と見てみました。すると、あち
らこちらで、自分の説明の書き

方を見せあったり、友達の説明
書を見て、また自分の説明書に
付け足したりと、ニコニコしな
がら説明書を書き進めていま
す。どうやら心配は取り越し苦
労だったようです。

　この〈こさそりの標本とその
説明書づくり〉の学級開き、感
想を書いてもらわなかったのが
ちょっとうかつでしたが、授業
評価だけはしてもらいました。

子どもたちの評価

⑤とても楽しい ……… 23 人
④楽しい………………… 5 人
③ふつう………………… 3 人
②楽しくない…………… 0 人
①ぜんぜん楽しくない… 0 人

　最後に照屋くんの日記を紹介
させていただきます。

　今日は、久しぶりにさそり
の標本を作りました。これ
は、4 年生のころも仁子先生

といっしょに作りました。あの時は，とてもおもしろくて今日もまた作れるんだな，とわくわくしていました。そして，今年は説明書作りまでしました。バージョンアップしていました。説明書を書きながら，こういう国語の勉強は楽しいな，これも国語の勉強のうちになるのだろうな，と思いました。

　友だちからさそりの標本を見せてもらってぼくが引っかかったり，引っかけたりするのも楽しかったし，さそりの標本を作ったり，説明書をかいたりすることもとても楽しいし，最高でした。

　照屋くんは説明書を書きながら，「国語の勉強にもなる」と考えました。もちろん，そのとおりでしょう。子どもたちが，書きたいこと，伝えたいことを見つけたとき，勉強にたのしさ

を見つけたときには，鉛筆が自分の力で進み出すのですね。

　最後に子どもが作った「〈こさそりの標本〉の作り方，使い方」を書いた説明書を一つ載せておきます。作者は天久祥子さんです。

＊「さそりの標本」の作り方にはいくつもバリエーションがあります。詳しくは『ものづくりハンドブック』1，2，5，6巻をご覧ください。また仮説社では，包み紙＋手提げ用ホルダーの仕掛けがセットになった商品も販売しています（「さそりの標本セット」（1人分300円，10人分2000円，税送料別）。

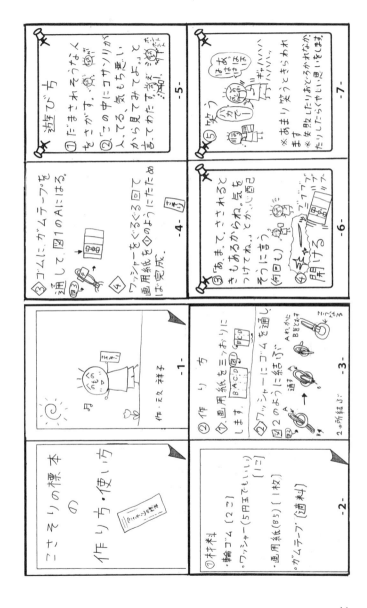

41

まむしの卵

～カンタン新バージョン～

加藤光二
愛知・中学校

『たのしい授業』でもおなじみの「まむしの卵」（「さそりの標本」）を，カンタンにすぐ作れるようバージョンアップしました。

■仕掛けの作り方

中に入れる仕掛けは，大型のゼムクリップ（5㎝長ぐらいの金属製）を下図のように広げて使います。

①大型のゼムクリップを
L字型に広げる。

②端をすぼめる。

③5円玉と輪ゴム
2本を取り付ける。

■外袋（小型）の折り方（B5）

B5大の紙を下図のように折っていけば，簡単に外袋も作れます。

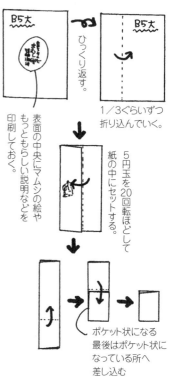

ひっくり返す。

1／3ぐらいずつ折り込んでいく。

表面の中央にマムシの絵やもっともらしい説明などを印刷しておく。

5円玉を20回転ほどして紙の中にセットする。

ポケット状になる
最後はポケット状になっている所へ差し込む

（余談）職員室で若い女性の先生に「まむしの卵」を仕掛けたところ，「キャ～～！」という悲鳴が。周りの先生の「どうしたの⁉」という問いに，「加藤先生にイタズラされました！」と。あ，あのねえ……。

このカードを当てるのは あなた

—— 新学期のスタートは「手品」で，いい感じ！ ——

吉村安裕 宮城・小学校

←マジックトランプの
裏面。口絵も参照。

手品でほんわか

みなさんは，新学期のスタート「学級開き」でどんなことをしていますか？ 私は必ず「手品」を行います。

みんなに「えーっ！」とビックリしてもらってから種明かし。「なーんだー，そうだったのかぁ……」とクラスの中がちょっとほんわか，いい感じになったときに，「学校に来るとこんなおもしろいことがあるかも知れないから，また明日から元気で学校にきてね！ 先生もいろいろ用意して，楽しく勉強ができるようにするからね」と締めくくります。

おかげで（？）子どもたちは毎日の勉強を「楽しい！」と言ってくれて，なんとなく「子どもとの関係も悪くないかな……」と50才近くになっても感じられるのがうれしいです。

今回紹介するのは，十数年前に札幌のとあるデパートに入っているテンヨーのマジックショップで教えてもらった，「マジックトランプ」に「ラブラブメガネ」による演出を加えた手品です。

おすすめ手品
「このカードを当てるのはあなた」

「マジックトランプ」というのは，カードの裏の模様を見れば数字やマークがわかってしまう仕掛けのあるトランプです。それを使って，私は意図的に「♥の2」だけをテーブルに残します。そして「ラブラブめがねを使ってそのカードがなにかを子どもに当てさせる」という手品です。

当てるのもカードを分けるのも相手（子ども）にさせることで，より不思議感を演出できます。

■使用する物

・マジックトランプ（株式会社テンヨー，税別1500円。amazon等のネットショップで販売）

・ラブラブめがね（点光源を見ると，2個のハートが見えるめがね。税別300円。仮説社取扱）

・点光源になるもの：ライターやLEDライト。**光源は必ず一個だけにします。**

■やり方

①マジックトランプの♥マークのカードだけを使用します。

②ハートのカード13枚をよく切ってから，テーブルの上に裏が見えるように並べます。このとき，下図のように四角のブロック型に並べます。並べながらマジシャンは「♥2」がどこにあるのかをチェックしておきます。（カードの裏の模様で数字がわかるようになっています）

③子どものなかから一人を選び，出てきてもらいます。その子には

指でテーブルのカードの間に線を引いてもらいます。

吉村「あなたの指でまっすぐな線を引いてこのカードを2つのブロックに分けてください」

④マジシャンが意図的に片方のブロック（♥2がない方）を取り除きます。「あ，こっちのカードは使いませんね。分かりました」などとつぶやき，取り除きます。うまく言葉を使って，「分けているのはあなたですよ」という感じを演出するのが大切。

⑤残ったカードも同様にして最後の一枚になるまで分けさせます。

吉村「今度は左側がいらないですね。わかりました」など。

⑥何度か繰り返して，最後に一枚のカードを残します。ここで残っているカードは，マジシャンが意図的に残した「♥2」です。

⑦次に，そのカードを当てる人を

指名します。（分けた子に指名させてもよい）

吉村「○○さん，ご指名です。このカードの数字を当ててね！」

　指名された人はビックリ。当てられるはずがありません。

⑧ここで，ラブラブめがねを取り出し，カードを当てる人にかけさせます。

⑨点光源を用意し，ラブラブめがねで光源をのぞかせます。

吉村「何が見えますか？」

子ども「ハートが見えます。2個，見えます」

吉村「ハートが2個，つまりこれはハートの2ですね」

子ども「え？」

　この辺で，当事者からも見ている人からも，「うそー！」という声が聞こえ始めます。

吉村「ではカードをめくってみてください」

　カードをめくると，出てくるのは「♥の2」です！　みなさん，なかなかいい反応で驚いてくれます。時には「先生！もう一回やってー！」なんていう言葉がとび出してきます。しかし，何度やって

も出てくるのは「♥の2」なので，2回以上やるのはおすすめできません。

　私はここで種明かしをします。そして最初に紹介した締めくくりの言葉につなげます。

＊

　2014年，東北たのしい授業フェスティバルで講座を一緒に担当した村岡京子さんが「楽しいことは出し惜しみしない」と言ってました（村岡さんも誰かから教えてもらった言葉だそうです）。なるほど，目の前の子どもたちとのお付き合いはたったの一年間。だったら，「これでもか！」っていうくらい楽しい思いをしてもらわないとなぁ。それで，「学校が楽しい！　勉強やる気出てきた！」と言ってもらえたら幸せだなーと再確認することができました。

　もちろん出会いの後にも楽しい授業が無ければ，「楽しく勉強ができるようにするからね」という言葉がウソになります。なので仮説実験授業を中心とした楽しい授業の実践が必要となりますが，まずはマジックなどいかがですか？

〈エナジースティックで遊ぼう〉

淀井　泉　京都・高校

プラン内イラスト　黄　絵麻　佐賀・小学校

エナジースティックを使った授業プラン

　「エナジースティック」というおもしろいおもちゃがありま
す。わたしが初めてこのおもちゃのことを知ったのは数年前，
仮説社の売り場でした。筒状になった両端を左右の手で握ると，
中の LED が光り，何とも言えない楽しい音が鳴ります〔口絵
参照〕。「これはおもしろい！」と即購入したわたしは，さっそ
く学校で子どもたちに披露してみました。ワーッと声をあげる
子，不思議そうに見ている子，僕もやりたい！と言ってくる子
……どの子も目がキラキラしています。以来，エナジースティッ
クは，わたしの大切な「教材」になりました。

　エナジースティックを使った遊び方はいろいろあります。以
前も何度か『たのしい授業』に掲載されたこともあります（坂
下佳耶「エナジースティック」，横山裕子「出会いの授業でエナジース

ティック」。共に『マネしたくなる学級担任の定番メニュー』仮説社,に収録)。わたしも自分なりに「こんなふうにすると楽しそうだ」と思えるやり方で子どもたちに紹介していました。たまたま,そのやり方を「たのしい特別支援教育」のメーリングリストで紹介したところ,「ぜひプラン化してほしい」という声があがりました。授業プランにするほど完成されたものではないとは思いましたが,子どもたちはとても喜んでくれましたので,とりあえず発表することにしました。それが今回のプランです。

　あくまで遊び方の一例にすぎませんし,もっと良いやり方もあると思います。わたしのやり方を真似してくださってもいいですし,このプランをヒントにさらに楽しいやり方を考えてくださってもいいです。みなさんもぜひ子どもたちと楽しんでみてください。

＊なお,このプランでは自由電子やイオンについても軽く触れていますが,子どもの実態によってはそれらの説明は無しにして,現象だけを楽しむやり方もいいかなと思います。

＊『たのしい授業』2018年12月号（No.485）には,黄 絵麻さん（佐賀・小学校）による〈エナジースティックで遊ぼう〉の授業記録（48ペ）が紹介されています。授業の様子が気になる方は,ぜひこちらもご参照ください。

授業プラン

エナジースティックで遊ぼう

ここに「エナジースティック」というおもちゃがあります。

エナジースティックの銀色の両端を両方の手で持つと、中のライトが光って音が鳴ります。

[やってみよう]

他の人がやっても光るでしょうか。ためしてみましょう。

1

[問題1]

2人で「エナジースティック」の端を片方ずつ持ち、もう片方の手をつなぐとエナジースティックは光るでしょうか。

予想

ア．光る。　イ．光らない。

実験の結果

2

[問題2]

今度は直接手をつなぐのではなく、2人が「鉄のくぎ」の両はしを持つことにします。エナジースティックは光るでしょうか。

予想
　　ア．光る。　イ．光らない。

実験の結果

3

[問題3]

今度は2人が「プラスチックのストロー」を持つことにします。エナジースティックは光るでしょうか。

予想
　　ア．光る。　イ．光らない。

実験の結果

4

49

[問題4]

2人が「わりばし」を持つと、エナジースティックは光るでしょうか。

予想

ア．光る。　イ．光らない。

実験の結果

5

[問題5]

今度は、2人が「ステンレスのスプーン」の両はしを持つことにします。エナジースティックは光るでしょうか。

予想

ア．光る。　イ．光らない。

実験の結果

6

50

[問題 6]

2人が「アルミホイル」を持つと、エナジースティックは光るでしょうか。

予想

ア. 光る。　　イ. 光らない。

実験の結果

7

[問題 7]

2人が「紙」を持つと、エナジースティックは光るでしょうか。

予想

ア. 光る。　　イ. 光らない。

実験の結果

8

金属と自由電子

今までの実験でエナジースティックが光ったのは、「鉄のくぎ」「ステンレスのスプーン」「アルミホイル」でした。くぎの材料は鉄です。

スプーンの材料であるステンレスは鉄とクロムやニッケルの合金、アルミホイルの材料はアルミニウムです。これらはみな金属です。

金属には、その他に、金、銀、銅など、たくさんの種類があります。

金属は、どれもよく電気を通します。そして、金色や銀色にピカピカ光っています。これは、金属の中に「自由電子」というものがたくさんあるからです。

自由電子がたくさんあるものはみな、金色や銀色に光り、電気をよく通すという性質があります。

「くぎ」や「スプーン」や「アルミホイル」には自由電子があるのでエナジースティックが光りました。

「ストロー」や「わりばし」や「紙」には自由電子がないので、光らなかったのです。

イオン

それでは、人間がエナジースティックの両端を持っただけで光ったのはなぜでしょう？

人間の体は金属ではありません。ですから、エナジースティックが光ったのは自由電子のせいではありません。

それは、人間の体の中に「イオン」というものがたくさんあるからです。

イオンというのは、小さな小さな粒である「原子」が電気を持ったものです。

人間の体にたくさんあるイオンがエナジースティックを光らせたのです。

11

[問題8]

2人が野菜の「キュウリ」を持つと、エナジースティックは光るでしょうか。

予想

ア. 光る。　イ. 光らない。

実験の結果

12

53

イオンがあるもの

キュウリもバナナもエナジースティック
は光りました。野菜や果物にはたくさんイ
オンがふくまれています。

人間と同じように野菜や果物を食べてい
る動物たちにもイオンはあります。

他にもイオンがあるのは身の回りに
いっぱいあります。エナジースティックで
いろいろ試してみるのもおもしろいかもし
れませんね。

14

[問題9]

2人が果物の「バナナ」を持つとエナジー
スティックは光るでしょうか。

予想　　ア．光る。　イ．光らない。

実験の結果

13

54

水にはイオンがある？

水道の水でエナジースティックは光りました。

純粋な水（蒸留水、精製水）にはイオンはありませんが、水道の水にはイオンがたくさんふくまれています。

それは、水道の水に「塩素」や「ミネラル」などが含まれていて、その中にイオンがたくさんあるからです。

＊水道の水に塩素が含まれているのは、水を消毒するためです。また、水道の水にはいろいろなミネラル（「カルシウム」「ナトリウム」「カリウム」「マグネシウム」など採水地によって差がある）が含まれています。

16

[問題10]

水そうやバケツなどに「水道の水」を入れ、2人が同時に片方の手を水につけるとエナジースティックは光ると思いますか。

こちらの手を
水につける

予想　ア．光る。　イ．光らない。

実験の結果

15

先ほどの実験で使った紙を水道の水でぬらして、もう一度同じ実験をしてみましょう。今度はエナジースティックはつくでしょうか。

17

【やってみよう】

エナジースティックは、2人が手をつないでも光りました。3人でもやってみましょう。

また、クラスみんなで手をつないでやってみましょう。何人まで光らせることができるでしょうか。

（おわり）

18

エナジースティックの仕組みは？

● 「導通テスター」としてのエナジースティック

湯沢光男　栃木・元中学校／教材製作

エナジースティックの仕組み

　エナジースティックは透明なプラスチックのパイプの中に電子ブザーとLED，電池とトランジスタが入ったものです。パイプの両端のアルミテープが巻いてあるところがエナジースティックの電極で，ここを両手でにぎると通電して音が鳴り，光が出るようになっています。

　テスターで電圧を測ると，電極の片方が＋極，もう片方が－極で，5Vほどの電圧がかかっていました。

　手や人体はほんの少し電気を通します。そこで，電極を手で持つと，わずかな電流が流れます。内部のトランジスタがそれをきっかけに〈電気のなだれ〉（電気がほんのわずか流れると，それをきっかけにたくさんの電気

が流れるようになること）を起こし，電池から大きな電流が流れ，LEDが光り，音が鳴る仕組みだと思われます（これをトランジスタの増幅作用といいます。詳しくは**湯沢光男《トランジスタであそぼう》**『たのしい授業』2012年1月号，No.388を参照してください）。

単純化した回路図

＊実際にはトランジスタを多数個つかったICを使っていると思われる。

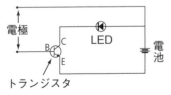

電極を両手でつまむとトランジスタのBからEにわずかに電気が流れ，それをきっかけにしてCからEに大きな電流が流れ（電気なだれ），LEDが光る。

「導通テスター」としての
エナジースティック

　つまり，このエナジースティックは，トランジスタ（もしくはそれを多数個使ったIC〔集積回路〕）を使った「**導通テスター**」ということになります。「導通テスター」というのは，〈電気をわずかにでも流すかどうか〉がわかるテスターのことです。

　そこで試しに次のような実験をしてみました。エナジースティックの両端にアルミ針金を巻き付けて電極をのばし，検知部とします。その間にいろいろなものを挟んで，エナジースティックが光るかどうか試してみたのです。

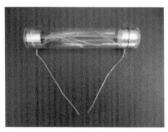

アルミ針金をつけてテスターに

　ところが，針金を取り付けて

その針金同士を直接，接触させてみたら，ほとんど光らないのです。針金を手で持つとちゃんと光るのに，です。これはどういうことでしょうか？

　先ほど紹介した参照記事《トランジスタであそぼう》にも書きましたが，電極の検知部同士を直接つないでしまうと，前ページの図でいうと検知部からトランジスタのB→Eにたくさんの電流が流れてしまいます。すると，C→Eの経路（LEDに電気が流れる経路）を流れる電流が減ってしまうために，こういう現象が起こるのです（電極同士を直接つなぎっぱなしにすると電流がたくさん流れて電池がすぐに消耗するので，試すときはちょっとだけにしましょう）。

　これを解消するには，検知部に電気抵抗をつないで，検知部の電極同士が直接つながっても，電流が少ししか流れないようにすればよいのです。このエナジースティックの場合，10kΩの抵抗を直列につないだら，ちょう

どよくなりました。

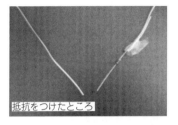
抵抗をつけたところ

　これで，コインや石墨，水道水まで導通が調べられる〈導通テスター〉になりました。

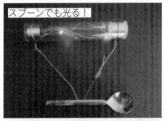
スプーンでも光る！

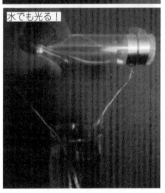
水でも光る！

（付録）エナジースティックの
電池を交換する方法

　このエナジースティックは電池交換ができません。そこで電池がなくなったらおしまい。使い捨てです。しかし，1000円以上もするものが使い捨てとは，とてももったいない話です。そこで，ちょっと手間がかかりますが，電池を交換する方法を紹介します。

①電池の入っている下端の蓋の切れ目にカッターの刃を当てて，気長に切り込みを入れていきます。1周全部切れ込みを入れます。カッターは力の入りやすい大きなカッターがお薦めです。けがをしないよう注意！

②刃が深さ1mmほど入って，蓋

と本体の間に1mmくらいのすき間ができたら，そこにマイナスドライバーを差し込み，少しずつこじ開けるようにすると，はまっている下蓋がぬけます。

③基板が下蓋に軽く接着されているので，慎重に外します。配線等を切らないように注意。

④電池の横の押さえの突起を起こし，電池を押し出すようにして取り出します。電池はリチウムボタン電池のCR2032が2個で，100均などで売っています。

⑤電池の＋－を間違えないように入れます。

⑥電池を押さえている電極の外側に両面スポンジテープ（これも100均で買えます）を貼り，基板を下蓋に固定してから蓋を戻せば交換完了です。

私の定番「出会いの授業」

● 〈世界地図の中のハワイ〉はオススメ

岸　勇司　　愛知・三谷水産高校

●はじめに

　高校で歴史や地理などの社会科の授業を受け持っています。毎年のことですが，「社会科の授業は苦手／嫌い」という高校生が多いです。残念なことですが，社会科の授業で嫌な思いをし続けてきたということなのでしょうね。とくに勤務しているのが水産高校なこともあって「せっかく水産高校に入学したのに，社会の授業もあるのかあ」とガッカリする人も少なくありません。まれに社会科の授業が好きという生徒さんもいますが，きまって「うまく暗記して，他の人よりも試験ができるから」という感じです。

　そんな高校生たちですが，毎年，仮説実験授業のさまざまな授業書を通して，学ぶ楽しさを体感してもらっています。そのおか

げで，夏休みの頃にはみんな「社会の授業大好き！」って感じに
なります。「毎日，授業やってよ！」とか「今日は授業があって
うれしい！」とか言ってくれることもよくあります。

　こんな幸せなことを言ってもらえるのは，ひとえに仮説実験授
業のおかげです。仮説実験授業は，なにしろ運営法に従い授業書
を使ってやれば，だれでもたのしい授業が実現するのですから。

●仮説実験授業の進め方を説明

　ただし，最初に仮説実験授業をするときに気をつけることがあ
ります。それは，「いままでの授業方法とは全く違う」という点
です。

　これまでの普通の社会の授業というのは，「大事と言われたこ
とをともかく覚える」というものです。そのため，以前は高校で
仮説実験授業をすると，「いちいち問題を考えるのは面倒だから
さっさと答えを教えろ」「考えて予想を立てるのは間違えるのが
怖くて出来ない」「プリントが多くて暗記する所がわからなくて
試験勉強が大変」などのクレームが出されることもありました。
しばらく続けているとそういう声も聞かれなくなるのですが，そ
れまでに時間がかかってしまいます。

　そんな感じで最初の数時間の授業が毎年たいへんだったので，
何とかスムーズに進む方法はないかと考えるようになりました。
そこで近年取り入れているのは，「最初の授業のときに，１時間
で十分に終わる短い授業プランを使って仮説実験授業の進め方を
説明する」ということです。私のお気に入りは，授業書『世界の

国ぐに』（仮説社）の付録になっている〈世界地図の中のハワイ〉です（本書69ぺに収録）。

　まずこの授業書で，「仮説実験授業がどうやって進んでいくのか」をていねいに説明します。生徒さん達は授業を体験しながらわかって，安心してくれます。すすめ方は以下の通り。

①授業書（プリント）を1枚ずつ配る

　ふつうの授業では，プリントを使うとしてもせいぜい1枚か2枚で，しかもいろいろなことがたくさん書いてあります。でも授業書は違います。

　「このプリントには〔問題〕があるので，しっかり考えてもらうのでよろしく。プリントは，答えがわかってしまうから，1枚ずつね」と話してから配ることもあります。

②〔問題〕の説明をする

　それぞれの選択肢について，ていねいに説明します。

③一人ひとり，予想をたててもらう

　「自分の予想は黒色で○，答えは赤色で書いておくと，後で見直した時に自分のイメージどおりだったかどうかわかるよ」とアドバイス。

　どうしても選択肢を選べない人が少しいます。「コレかな？って思ったものにとりあえず○をつけてよ」と言っても，です。

　どうしてだと思いますか？

それは，間違える可能性があるからです。「間違っても大丈夫」と思えるようになるのはきっかけや時間が必要なのです。そういう人には無理に○をつけてもらうことはしていません。

④手をあげてもらい，予想を集計する

「自分の選んだ選択肢は，たくさんの人も選んでいるか，逆にほとんど選んでいないか，知りたくなるよね。だからこれからクラスの世論調査をしま～す」と言って，それぞれが選んだ選択肢のところで手を挙げてもらい，それを集計して黒板に書き込みます。手を挙げた人の数が足りないこともありますが，高校ではよくあることなので深く追及はしていません。

多数派／少数派にわかれることもありますし，どれも差がないこともあります。

⑤理由や意見を言ってもらう

選択肢ごとに「選んだ理由や意見とか，教えてくれるとうれしいなあ。言いたくなった人いない？」などと聞きます。高校では発言してくれないのがふつうです。予習して事前に知った答えを発表するのではなく，自分の予想／考えですから間違っているかもしれません。さんざん間違えてバカにされた（されているのを見た）記憶があるものなので，発言しないのは当り前でしょう。発言してくれる人がいたら，大喜びしています。そんなとき，発言の要旨を板書して，発言者の名前も書いています。けっこう喜んでくれます。

⑥討論できる雰囲気だったらしてもらう

　高校ではなかなか討論は起きません。最初の授業ではこそこそと隣の人と相談すれば上出来ですが，慣れてくると勝手に意見を言い合うこともあります。

⑦予想変更を最後に確かめる

　発言が落ち着いたら，「予想分布を見たり意見を聞いたりして，予想変更したくなった人はいませんか？　変更するなら今のうちだよ！」と確認します。

⑧実験，もしくは正解を発表

　そしていよいよ正解の発表です。掲示物でパッと発表できれば，社会科でも〈実験〉みたいになります。掲示物がない場合でも，「いいかな？　では正解は……（と，ここでちょっとだけ間をおいて）○○です！」と発表して，正解に丸をつけるという風にすれば，実験ぽくなります。

　落ち着いたら「では，解説と次の〔問題〕が載っているプリントを配るよ。プリントは最後までやった後に，ホッチキスで綴じて冊子にするからね」と話しながら次のプリントを配ります（→①に戻る）。

●最初の授業に最適な授業書／　授業プラン

　最初の授業にオススメの授業書はいくつかありますが，私の一推しはこの〈世界地図の中のハワイ〉です。それは，仮説実験授

業を進める上でのエッセンスが詰まっているからです。

〔問題〕が４つとコンパクトで，しかも説明文が少ないので，授業の感想を書く時間を含めて１時間の授業で余裕をもってできます。進め方の解説をしながら，ゆっくり進めてちょうどいい感じです。なので，大人に仮説実験授業を紹介するときにも，〈授業体験〉的にできておすすめです。

〔問題１〕「ハワイ島の大きさ」は，多くの人のイメージが違っているので盛り上がります。

このミニ授業書の〔問題１〕で正解の〈ア〉を選ぶのは，どのクラスでも少数派です。正解発表の瞬間，「ヤッター！」とか「えっ，正解なの？」「信じられない……」とかの反応が面白いです。ときには歓声と絶叫が入り混じります。そのたびに「授業はライブだなあ」と実感しています。

「真理は多数決では決まらない」（多数派であっても間違えることがある）ということは，民主主義を支える大切なポイントです。すべての人に実感を伴って経験してほしいことだと思います。

〔問題２〕「いまのハワイは独立国か」では知識のある人が正解しますが，間違いとはいっても昔は独立国だったこともあったことがわかって，直観や理屈で考えた人もなかなかいい線をいっていることがわかります。

〔問題３〕の「ハワイ州は合衆国の州の中で一番小さいか」では，理屈派と直観派の対立が起こります。

〔問題４〕の「ハワイ島にある山の高さ」では，マニア的な人や理科が得意な人が正解して感心されたりする一方，理屈派も活

躍します。

　プリントを綴じてもらっている間に「少数派が正解のときもあるし，知識がある人が正解のときもあるし，直観的な人が正解のときもあったね。間違っていても，考え方や目の付けどころは素敵な場合もあったよね。予想変更したから正解したり間違ったりすることもあるかも」なんてことを話します。ときには「せっかくいろいろな人が集まっているんだから，何かよさそうなことを思いついたら，ぜひぜひ発表して欲しいな！　よろしく！」と話したりします。

　また，高校生は試験が気になるので，「テストには出てきた〔問題〕を選択肢もほぼそのまま出すよ！　試験は授業でやったことの復習だから，ご心配なく！」と話して安心してもらいます。

　授業の終わりころには，「僕の授業はこんな感じで進めていくよ。次からは，何時間かで完結する授業書をやるから，おたのしみに！」と話します。

　こんな感じで出会いの授業の１時間目が終了です。

　授業するこちらも，最初の授業ではドキドキします。でも，授業を受ける生徒さんだってドキドキです。せっかくだから「何だかおもしろそうな感じだなあ」と思ってもらえば，次の時間の授業がたのしみに思ってもらえることでしょう。

未来を予感させる時間

　最後に，2016 年に高校１年生とやった最初の授業の感想をいくつか紹介します。

☆中学の時はだらだらと長い文章を読むことが多くありました。ずっと教科書みたり，黒板の文字を写したりしてすごくつまらなかったです。でも，社会は好きなので，何とかがんばることができました。今日の授業はすごく楽しみながらも勉強ができるので，よかったです。これからがんばりたいです。（里奈さん）

☆「ハワイ」についての問題で選択できるようになっていて，最初から「これどう思う？」とか言われて考えるのは難しいけど，選択肢があって考えるという授業はやりやすかったからです。間違えても後の説明がついていたりしてやりやすかったから，こういった授業はいいな，と思った。（寿音さん）

☆今日授業やって，知らなかったことを知れたし，自分が思っていたことと違うこともたくさん知れたのでよかったです。クラスの中にも同じようなことを考えている人がいるんだなあ，と思いました。（みなみさん）

☆中学の時にしていた地理とは全く違っていて，とてもおもしろかった。自分はあまり予習をしないので，授業の時に考えるととても頭に入りやすい。（芳輝君）

☆今までの社会は本当に覚えるばっかりで，楽しみが一つもなかったし，少ししかふれていない所もテストに出されてたりしていやだった。こんな感じでやっていれば楽しい気がしたから，とても良いと思った。プリントでやるのも良いと思いました。（喬平君）

＊

みなさんと初めて出会う子どもたち，大人たちとの授業が，ドキドキわくわくの楽しい未来を予感する時間になりますように！

＊次ページからの授業書は，人数分印刷し，1ページずつ配布してください。

世界地図の中のハワイ

〔問題1〕

　太平洋の真ん中あたりに「ハワイ諸島」があります。

　そのうちの一番大きい島をハワイ島といい，マウイ島・オアフ島・カウアイ島など，人の住んでいる8つの島と周辺の24の島々から成り立っています。

　さて，このハワイ諸島のうち一番大きいハワイ島の面積はどのくらいだと思いますか？

予想

　ア．1万 km²くらい。

　　　──四国の面積（1.8万 km²）の半分くらい。

　イ．1000 km²くらい。

　　　──沖縄本島（1200 km²）や佐渡島（800 km²）程度。

　ウ．100 km²くらい。

　　　──壱岐島（130 km²）や伊豆大島（90 km²）程度。

さて，どうでしょう。

ある人はいいました。「たしか，ハワイというのはアメリカ合衆国の一つの州なんじゃない？ それで伊豆大島というのは東京の一部だから，アメリカの一つの州が東京都の一部の島の大きさぐらいしかないなんておかしい」「そうだよ。アメリカの州っていうのは，日本の県なんかよりずっと大きいのじゃない？」などという意見が出ました。本当はどうなのでしょう。

手元に少し大きな地球儀か世界地図があったらそれを見て確かめてください。地図帳から同じ一つの地図にハワイ諸島と日本列島とが収まっている地図を探しましょう。

少し大きな地球儀や太平洋全図なら，ハワイ島は〈点のように〉ではなく，ちゃんと大きさがわかるように描かれています。しかし，伊豆大島はどう見ても点のようにしか描かれていません。ハワイ島はたしかに伊豆大島よりもずっと大きいのです。いや，佐渡島よりもずっと大きいこともわかるでしょう。

じつは，ハワイ島の面積は1万0500 km²で，面積1万8800 km²の四国の面積の半分以上ということになります。ハワイ諸島全部の総面積は約1万7000 km²ということですから，四国と同じくらいということになります。

—2—

〔問題2〕

　伊豆諸島は東京都の一部で，佐渡島は新潟県の一部です。しか
し，沖縄諸島はそれ自身で一つの県となっています。それなら，
ハワイ諸島は独立国でしょうか。それとも近くの大きな国＝アメ
リカ合衆国の一部でしょうか。または，アメリカ合衆国の一つの
州の一部でしょうか。あなたはどう思いますか。

予想

　ア．独立国。

　イ．アメリカ合衆国の一つの州。

　ウ．アメリカ合衆国のカリフォルニア州の一部。

　エ．その他。

－3－

アメリカ合衆国とハワイ

ハワイはアメリカ合衆国の一つの州です。

昔，ハワイ諸島は王国でした。1810年，つまり江戸時代の後半のころまで，ハワイ諸島の原住民は四つの王国に分かれていましたが，1810年にカメハメハ大王1世が全島を統一して王国を作りました。ところが，1893（明治26）年に革命が起きて，その翌年ハワイ共和国になりました。そして，1897年にアメリカ合衆国の一部となり，1959（昭和34）年にそれまでの〈准州〉から，合衆国50番目の州として認められるようになったのです。

〔問題3〕

アメリカ合衆国は日本と比べるととても大きな国です（米国の面積は日本の26倍）。そこで，アメリカ合衆国のふつうの州の大きさはハワイ州よりもずっと大きいのですが，ハワイ州よりも小さな州もあるのでしょうか。あなたはどう思いますか？

予想

　ア．ある。

　イ．ない。

ハワイは例外的に小さい州か

　じつは，アメリカ合衆国にも小さな州があります。

　アメリカ合衆国が建国した時の最初の13州は，今の州区分とは少し違っていますが，かなり小さな州でした。

　最近のデータでは，面積ではアラスカ州（171万 k㎡，71万人）が一番広く，人口ではカリフォルニア州（42万 k㎡，3700万人）が一番多くなっています。

　また，小さい州はというと，ハワイよりも小さな州がいくつもあるのです。

　もっとも小さい州はロードアイランド州（0.4万 k㎡，105万人）で，その面積はハワイ州の5分の1ほどしかありません。人口ではワイオミング州（25万 k㎡）の56万人が最低で，136万人のハワイ州は，50州のうち少ないほうから11番目です。ハワイという州は，アメリカ合衆国の中で例外的に小さな州とはいえないのです。

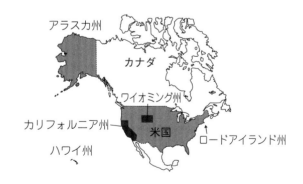

〔問題4〕

　日本で一番高い山は富士山で，その高度は 3776 m です。また，四国で最高の山というと，1982 m の石鎚山（愛媛県）です。それなら，ハワイ諸島にある山で一番高い山の高度は何mほどあると思いますか。

予想

　ア．富士山と同じくらいの山がある。

　　　（3500 m 以上の山がある）

　イ．富士山ほどの山はないが，2000 m 級の山はある。

　ウ．せいぜい 1000 m 級の山しかないだろう。

ハワイ島にはどれほどの高度の山があるか

　日本には面積の割に高い山があります。同じような島国でも，英国にはスコットランドのベンネビス山（1343 m），ウェールズのスノードン山（1085 m）といった程度で，1000 mを越す山はほとんどありません。それなら，ハワイ島はどうなのでしょうか。

　じつはハワイ島には，マウナケア山（4205 m）やマウナロア山（4170 m）という富士山より高い山が2つもあります。「常夏の国」といわれるハワイですが，それらの山々は夏でも雪をかぶるので夏スキーを楽しむ人も多くいます。ハワイ諸島は大きな海底火山から成り立っているので，面積の割に高い山がそびえているのです。そのため，魚が棲みやすい大陸棚がなく，魚はほとんどとれないそうです。また，まわりがすべて海に囲まれていて天体観測に都合がよいので，高い山々の山頂には世界各国の天文台が置かれています。

授業プラン〈爆発〉

●高村紀久男〈爆発〉改訂版

平賀幸光　岩手・中学校

はじめに

　〈爆発〉は，小学校低学年から中学生・高校生まで楽しく授業できる授業プランです。もともとは静岡の高村紀久男さんが作られたもので，『たのしい授業』1983 年 7 月号（No. 4）に掲載されました。1 〜 2 時間で授業ができることから，4 月の出会いの授業で実施される傾向がありましたが，そうした中から，〈より確実な実験方法〉や〈扱いやすい道具〉〈爆発の程度のコントロール〉などの工夫をする人があらわれました。仮説社発行の『ものづくりハンドブック 4』にも，以下のような記事が収録されています。

　①長谷川智子「洗剤容器を使った新・粉塵爆発法」

　②藤森行人「結婚披露宴で〈爆発〉の実験」

③高橋　淳「注射器で粉塵爆発」
④戸田幹雄「新・簡単圧電ポン」

　私もこれらを参考にし，1996 年に高村さんのプランに若干の
修正を加えたものをサークルで発表しました。しかし，その実験
のやり方にも不確実な部分がありました。それについては三木淳
男さん（岡山・中学校）がしっかりと検証し，詳しい論文にまと
めてくださっています（三木淳男「〈爆発〉で失敗，その原因を探る」
『たのしい授業』1999 年 3 月号，No.208）。

　三木さんの論文では，〈空き缶に開ける穴の大きさ〉と，〈缶の
中のアルコールの蒸発＝缶の暖め方〉のことが解明されて，確実
な実験ができるようになりました。

　そのような工夫をとり入れ，プランとして印刷して使えるよう
にまとめたのが，今回の改訂版〈爆発〉です。

　最後に載っている「授業ノート」は，〈爆発〉の授業をするに
あたって留意することをまとめたものですが，これまで〈出会い
の授業〉で実施されることが多かったので，そのことを多少意識
してあります。ここに書かれたことを参考にして，実験をシャー
プにきめて子どもたちと授業を楽しんでもらえたらと思います。

＊〈爆発〉の授業プランには，今回ご紹介するものとは別に松口一巳
　さん（福井・小学校）がまとめたものがあります。また，この原稿
　掲載後に，田中一成さん（福岡・高校）によって《爆発の条件》と
　いう授業書もまとめられました。《爆発の条件》は仮説社で販売し
　ています。

（題は，あとで書くことにします）

【問題1】

　ここに，トウモロコシからとったデンプンの粉，「コーンスターチ」があります（ジャガイモからとったデンプンより粉のつぶがこまかくできています）。

　コーンスターチを皿にとって，チャッカマンの火をあてたらどうなると思いますか。

予想

　ア．燃えない（火がつかない）。

　イ．おだやかに燃える（少しずつ燃える）。

　ウ．はげしく燃える（いっしゅんで全部が燃えてしまう）。

　エ．その他の考え。（　　　　　　　　　　　）

　どうしてそう思いますか。理由があれば発表してみましょう。

実験の結果

－ 1 －

【問題２】

コーンスターチを，バラバラにして空気とよくまぜて火をつけたらどうなるでしょう。

コーンスターチを空気とまぜるには，空気中にまき散らせばよいのです。

図のように，ろうそくの炎に向けて，コーンスターチをまき散らすことにします。どうなると思いますか。

洗剤の容器に
コーンスターチを入れる

予想

　ア．燃えない。

　イ．おだやかに燃える。

　ウ．はげしく燃える。

　エ．その他の考え。（　　　　　　　　　　）

どうしてそう思いますか。理由をだしあいましょう。

実験の結果

－ 2 －

ものが燃えるということ

　コーンスターチは，チャッカマンの炎をあてても，なかなか火がつきません。しばらく炎をあてていると，もりあげた粉の一ヵ所に火がつきますが，少し燃えただけで消えてしまいます。

　燃えにくいコーンスターチも，空気とよくまぜてやるとはげしく燃えます。じつは，ものが燃えるというのは，〈もの〉と〈空気中の酸素〉がむすびつくことなので，粉の1つぶ1つぶが空気とよくふれあうようにしてやると，はげしく燃えるのです。

　1977年のことです。アメリカ・ルイジアナ州の穀物会社で爆発事故が起こりました。穀物を運ぶバケット・エレベーターのまわりに，トウモロコシや小麦の粉が舞い上がり，それに何かの火が引火して爆発したのです。

　しかし，それだけで終わりませんでした。工場の床には小麦の粉などがちらばっていて，その粉が最初の爆風で舞い上がり，それにも火がついて爆発したのです。その結果，37名の人が亡くなるという大事故になってしまいました。

*

　デンプンや小麦粉，石炭の粉や木の屑が空気中に舞い上がり，それに火がついて爆発することを〈粉じん爆発〉といいます。粉じん爆発の事故は，日本でも2年に一度ぐらいのわりあいで起こっていて，2008年には，神奈川県の工場でコピー機のトナー（炭素の粉）の粉じん爆発が起こっています。

- 3 -

【問題3】

　ここにアルコールがあります。アルコールは，手の消毒にも使われますし，お酒の中にも入っています。

　皿に，小さじ1ぱいのアルコールをとります。そのアルコールにチャッカマンで火をあてたら，どうなると思いますか。

アルコール ——

予想

　ア．燃えない。

　イ．おだやかに燃える（少しずつ燃える）。

　ウ．はげしく燃える（一度にぜんぶ燃えてしまう）。

　エ．その他の考え。（　　　　　　　　　　　　）

どうしてそう思いますか。理由をだしあいましょう。

実験の結果

－ 4 －

81

【問題４】

　アルコールをこまかい粒にして，空気とまぜて火をつけたら，どうなるでしょう。

　ろうそくの炎に向かって，「霧ふき」でアルコールの霧を吹きつけてみることにします。どうなると思いますか。

きりふき

予想

　ア．燃えない。

　イ．おだやかに燃える。

　ウ．はげしく燃える。

　エ．その他の考え。（　　　　　　　　　　）

　どうしてそう思いますか。理由をだしあいましょう。

実験の結果

【問題5】

　横に3㎜ぐらいの穴をあけたあき缶（ボトル缶）を用意します。
そして，缶の中に，アルコールを1回「シュッ」と霧ふきしてか
ら，手であき缶をあたためて，中のアルコールを蒸発させます（ア
ルコールは，蒸発すると小さな小さな〈分子〉という粒になって空気
とまじります）。

　あき缶にあけた穴に，チャッカマンの火を近づけたら，中のア
ルコールはどうなると思いますか。

アルコールのきり

あきかん

予想

　ア．燃えない。

　イ．おだやかに燃える。

　ウ．はげしく燃える。

　エ．その他の考え。（　　　　　　　　　　　）

どうしてそう思いますか。理由をだしあいましょう。

実験の結果

－ 6 －

83

チャッカマンの火が, 穴にふれるぐらいに近づいたとき,「ボン」と音がして, あき缶の口に,「ぱっ」と炎が見えました。

　実験を見て, ある人が「爆発だ」と言うと, べつの人が「ちがうよ。物がこわれてふっとぶのが爆発だよ」と言いました。

　そこで, 次のような実験をしてみることにします。

【実験】

　缶の中にアルコールを霧ふきしたあと, 紙コップをかぶせてぎゅっと押しつけます。缶を手であたためて, あき缶の穴にチャッカマンの火を近づけたら, 紙コップはどうなるでしょう。

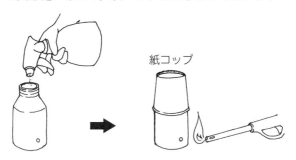

紙コップ

予想

　ア. ふっとぶ。

　イ. 缶に, かぶさったまま。

　理由をだしあってから実験してみましょう。

実験の結果

爆発

あなたは，アルコールランプが燃えるのを
見たことがありますか。アルコールランプに
は芯として木綿のひもが使ってあります。ア
ルコールは，木綿のひもにしみこんで上の方
へあがっていき，ひものてっぺんで少しずつ
燃えていきます。そのようすは，皿にとった
アルコールが少しずつ燃えていくのと似ています。

木綿のひも

　コーンスターチを空気中に散らばせると激しく燃えたように，
アルコールも，霧つぶにして空気とよくまぜると激しく燃えます。
その激しさは，皿の上で燃えるのとはくらべものになりません。
ものの燃え方は，〈どれだけ空気とよくまじるか〉でちがってく
るのです。

　水やアルコールのような液体は，蒸発すると〈分子〉という粒
になって空気中にちらばります。〈アルコール分子〉の大きさは，
霧つぶの 100 万ぶんの１ぐらいで，霧つぶがマンション 10 個ぶ
んぐらいとすると，〈アルコール分子〉はビー玉ぐらいです。こ
れほど粒が小さくなると，とてもよく空気とまじりあいます。そ
れでボトル缶を使った実験は，霧吹きを使った実験より，もっと
激しく燃えて爆発したわけです。

　１ページ目に，題を「爆発」と書きましょう。

注意：これらの実験は危険ですから，
先生とやりましょう。

エンジンの話

　あなたは，自動車(じどうしゃ)のエンジンがどんなしくみで動くか知っていますか。このごろでは電気自動車も作られるようになりましたが，以前から走っている自動車のエンジンは，燃料のガソリンなどを爆発させて動いているのです。

　エンジンには，〈シリンダー〉という金属の筒(つつ)があって……

①シリンダーの中にガソリンを霧ふきします。
②そこに，電気の火花をとばして点火(てんか)します。
③ガソリンが爆発します。
④ピストンが下に動き，エンジンを回転させます。

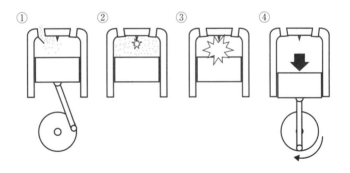

　爆発は，物がこわれたり人間がケガをしたりして怖(こわ)いこともありますが，爆発のエネルギーで動くエンジンは，私たちの生活をささえる便利(べんり)な機械(きかい)となっています。

ふろく「ロケット遊び」

〈ボトル缶を使った爆発〉を利用するとロケット遊びができます。材料（ざいりょう）が準備（じゅんび）できるようだったら，ロケットの模型を作ってとばしてみましょう。

　さっき使ったあき缶に，アルミホイルの芯で作ったロケットをさし込み，アルコールを爆発させてとばしてみましょう。

【作り方】

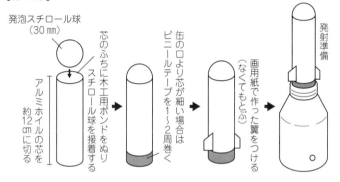

発泡スチロール球
（30 mm）

芯のふちに木工用ボンドをぬりスチロール球を接着する

アルミホイルの芯を約12 cmに切る

缶の口より芯が細い場合はビニールテープを1～2周巻く

画用紙で作った翼をつける（なくてもよい）

発射準備

【あそびかた】

1．あき缶の中に，アルコールを1回だけ霧ふきする。

2．あき缶の口に，ロケットをぎゅっとさし込む。

3．ロケットをつけたまま，あき缶を手であたためる。

4．あき缶を床において，チャッカマンの火を穴に近づける。

＊注意

・蛍光灯やガラスに向けたり，ひとのいる方に向けたりしないように気をつけましょう。

・チャッカマンで点火するときに，「3・2・1」と声をかけるなどして，まわりの人をびっくりさせないようにしましょう。

－ 10 －

【研究問題１】

　水素ガスは，ときどき爆発事故をおこしたりする燃えやすい気体です。

　15cm × 20cm ぐらいのポリ袋を用意します。空気が入らないように気をつけて，袋に水素だけを入れます。

　袋の口をしばって１ｍぐらいの棒の先にとりつけ，ろうそくの火の上に近づけます。ポリ袋の中の水素はどうなると思いますか。

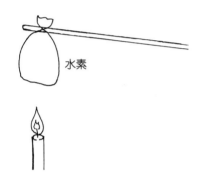

水素

予想

　ア．爆発する。

　イ．おだやかに燃える。

　ウ．その他の考え。（　　　　　　　　　　　　　）

　どうしてそう思いますか。理由をだしあいましょう。

実験の結果

【研究問題2】

こんどは，ポリ袋に水素と空気をまぜて入れます。

袋の口をしばって棒にとりつけ，ろうそくの火の上に近づけたら，ポリ袋はどうなると思いますか。

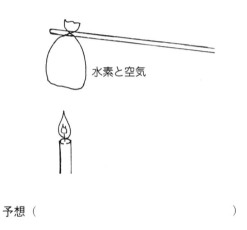

水素と空気

予想（　　　　　　　　　　　　　　　）

どうしてそう思いますか。理由をだしあいましょう。

実験の結果

－研2－

89

《爆発》授業ノート

平賀幸光 岩手・中学校

授業のすすめ方

授業のプリントは，1ページずつ配りながら授業をすすめてください。基本的に次のような流れで授業を進めます。

①問題を読んで説明。

②予想をたててもらう。

③予想の人数を黒板に書く。

④理由の発表（発表したい子だけ。発表することを強制しない）。

⑤予想変更を受けつける。

⑥実験する（解釈や説明をしない）。

⑦次の問題で，①〜⑥を行う。

⑧〈お話〉を読む。

問題の説明では，読むだけで済ませずに，モノを見せたり動かしたりしながら，丁寧に説明してください。

クラス編成があったときの出会いの授業では，理由の発表はあまり期待しない方がいいでしょう。発表がなければスッと進みます。

基本的に教師実験ですが，子どもに前に出てきてもらって点火してもらうのもいいでしょう。

授業の後に，感想文を書いてもらうことをオススメします。その際，〈楽しかったかどうか〉を5段階で書いてもらうといいです。

各問題のすすめ方と準備物

【問題1】準備物：コーンスターチ，チャッカマン，小皿。

必ずコーンスターチを使ってください。片栗粉だと，次の【問題2】の実験がうまくいかないので，この【問題1】のときからコーンスターチを使います。

点火は，マッチでなくチャッカマンでやります。理由は〈長い時間炎をあてることができる〉〈子どもはマッチが使えない〉ということからです。この授業プランでは，以下ずっとチャッカマンを使います。

結果は「イ」になることを期待しますが，炎をあてる時間によっては「ア」になることもあります。「ウ」でなければいいので，出た結果を，〈実験結果〉とします。

【問題2】準備物：コーンスターチ，ロウソク，チャッカマン，「ジョイ」などの洗剤の空き容器。

片栗粉を使うとうまくいかないので，必ずコーンスターチを使ってください。コーンスターチは，粒が片栗粉と比べて小さく，空気とよくまじるので燃えやすいのだと考えられます。

ろうそくはあまり細いものは避けて，「2時間用」ぐらいの〈ある程度太いもの〉を使います。

洗剤のあき容器を使う方法は，長谷川智子さん（東京）の考案です。粉を噴射する容器は，押しつぶしたとき容器の細い口からコーンスターチが勢い良く噴き出せばよいので，ケチャップなどのあき容器も使えます。濡れているとうまくいかないので，よく乾かしておいてください。

この実験は少し練習が必要かもしれません。容器の口をろうそくに10cmぐらいのところまで近づけて，コーンスターチの〈噴射流〉が，ろうそくの炎の5cmぐらい上を水平に通過するようにねらいます。まともに炎に粉を当てると炎が消えます。ろうそくを2〜3本に増やせば確実性が増します。

あらかじめ，床（机）に新聞紙を数枚広げておくと，片付けが楽です。ただし，わすれずに片付けないと次のアルコールの実験で火がつく心配があります。

【お話・ものが燃えるということ】
湯沢光男さんの資料に，次のような記述があります。

「小学生は〈空気は火を消すもの〉というイメージが強い。〈ふーっ〉と息を吹きかけて火を消したりするので，そういう直感的なイメージが身につくのだろう」──そう考える子どもは少なくないと思うので，〈ものが燃えるときの空気（酸素）の役割〉を説明する必要があります。

お話に出てくる事件は，アメリカの「コンチネンタル・グレイン社」でのものです。この事故の写真は，「continental grain elevator explosion 1977」等のワードでネット検索すると入手できます。

【問題3】 準備物：アルコール，小皿，チャッカマン。

アルコールは毒性のことを考えてエチルアルコールを使います。

皿にとりわけるアルコールの量は，5㎖ほどあれば充分です。この分量だと，30〜40秒ほどで燃え尽きて消えます。

アルコールの炎は見えにくいので，ティッシュペーパーをねじったものを炎の上にかざし，火がつくことを見せるといいでしょう。子どもたちに実験してもらうときは，〈見えない炎〉に注意するように言わないと，ヤケドをします。

炎をすぐ消したいときは，皿に濡れ雑巾をかぶせます。

【問題4】 準備物：アルコールの入った霧吹き，ロウソク，チャッカマン。

この実験もエチルアルコールを使います。

〈霧吹き〉は100円ショップでも買えます。アルコールを入れっぱなしにしておくと，素材のプラスチックが早く劣化してもろくなるので，授業後はアルコールを抜

いておくのが賢明です。

机の上に舞いおりたアルコールが，引火して燃えたりしないか気になるところですが，理科室の実験台は耐火性があるのであわてないこと。燃えたとしても火が消えるまで見守っていて大丈夫でしょう。普通の机でやるときは，いつも濡れ雑巾を5〜6枚用意しておくと安心です。なお私は，この実験で机の上でアルコールが燃えだしたことは一度もありません。

霧吹きを持った手についたアルコールが燃えることも考えられるので，「やりたい」と言われても，子どもたちにはやらせないようにします（私は経験ありませんが，気をつけた方がいいでしょう）。

【問題5】 準備物：アルコールの入った霧吹き，穴をあけたボトル缶，チャッカマン。

実験すると，「ボン」と音がして一瞬ボトルの口から炎が出るのが見えます。

アルミ製のボトル缶（口の直径が3㎝ぐらいのもの）を使います。底から2㎝ほど上の位置に，3㎜

の穴をあけます。最初画鋲で穴をあけて，その穴を広げるようにすると簡単です。

　あき缶の穴を5㎜にすると，この【問題5】はうまくいっても，次の紙コップをかぶせる【実験】がうまくいかなくなります。両方が同じ条件になるように，この【問題5】でも穴の大きさは3㎜にしておきます。この穴の直径の条件については，三木淳男さんが詳しく調べていますが，穴が大きくなると，次の【実験】で紙コップをきつくはめたような場合に，「爆風」が紙コップを吹きとばせずに，「ロケット噴射」のように穴の方から噴射してしまうことがあるのです。それで，「穴の直径は3㎜」ということに統一しています。

　もうひとつ重要なのは，缶を充分に暖めることです。寒いときは手も冷たく，アルコールが十分に蒸発せずに不発になることがあります。やり直しが嫌なら，「今日は寒いからこれで暖めます」と口上を言って，ヘアードライヤーで暖めることをオススメします。

　霧吹きをやり過ぎると，過剰なアルコールが中で燃えて缶が熱くなります。霧吹きは1回で十分です。「アトマイザー」と呼ばれる〈小型の霧吹き〉が便利です（香水用？）。100円ショップでも売っています。「アルコールは入れないで」と注意書きがありますが，使用後にアルコールを抜いておけば問題ありません。

　点火の直前まで準備して，子どもたちに点火してもらうと盛り上がります。

　以前の私のプランではこの問題はなく，いきなり缶の口に紙コップをかぶせて点火する問題をやるようになっていました。紙コップをかぶせる前にこの実験をするのは，ここまでの選択肢では「燃えない」「おだやかに燃える」「はげしく燃える」のように，「燃える」ことに注目して進めてきたのに，突然「紙コップが飛ばない」「紙コップが飛ぶ」のような，「爆発」を匂わせるわざとらしい選択肢になってしまっていたからです。

　アルコールの蒸気が教室に広まる心配がないので，メチルアルコールを使うこともできます。メ

チルアルコールの方が，沸点や引火点からいって爆発しやすいです。もちろんエチルアルコールでもかまいません。

【実験】準備物：アルコールの入った霧吹き，穴をあけたボトル缶，チャッカマン，紙コップ。

「爆発」のイメージは〈物が壊れる〉〈物がふっ飛ぶ〉だと思うので，アルコールも〈物がふっ飛ぶような燃え方をする〉ことを実験します。紙コップをかぶせるところが違うだけで【問題5】とまったく同じです。

紙コップをかぶせて爆発させるやり方は，藤森行人さんが結婚式の披露宴で披露したりしていますが，素晴らしい方法と言えます。なぜなら，「〈紙コップの押しつけ方〉で爆発の激しさをコントロールできる」からです。紙コップをかぶせ，上から強く押さえつけるほど，大きな音で紙コップが高く飛びます。4月の出会いのときなど，どんな子どもたちがいるのか，いまいち掌握できていないこともあります。必要以上に怖がらせた

りすることは避けたいので，爆発の激しさを調節できるこの方法は，とてもいい方法だと思うのですが，どうでしょう。

爆発しないときは，ほとんど原因は〈缶の暖め方が足りない〉からです。ドライヤーで暖めてから着火すれば確実に爆発します。

【お話・爆発】

〈霧つぶ〉と〈蒸発した分子〉で，つぶの大きさがどれぐらい違うかということをイメージしてもらうのがポイントです。アルコールの分子模型（水の分子模型も）があれば，イメージするのを助けてくれると思います。

【お話・エンジンの話】

「爆発」と聞くと，建物の損壊や人間のケガなどを連想してしまいますが，〈マイナスのことばかりではない〉というお話です。

エンジンの動きを表す図は，よく目にする図とはちょっと違います。エンジンの動きを説明するとき，「吸入，圧縮，爆発，排気」という4行程に対応した4つの図

で説明するのがふつうです。ここでも図は4つありますが、①②③の図では、ピストンが動かないかのように表現してあります。これは、この図の目的がエンジンの〈燃料を空気とまぜる〉〈点火する〉〈爆発する〉という部分に注目してもらうことで、エンジンの構造やピストンの動きを説明することではないからです。

【ふろく・ロケット遊び】準備物：アルミホイルの芯、30㎜の発泡スチロール球、木工用ボンド、ハサミ、ビニールテープ。必要に応じて：画用紙、のり、ビニールテープ。

出会いの授業で、1時間で終わりたいときには、この【ふろく】や次の【研究問題】をやらずに済ませることも可能です。

当初の高村さんのプランでは、フィルムケースで作った〈圧電ポン〉で遊ぶようになっています（『ものづくりハンドブック1』260ペ、『ものづくりハンドブック4』146ペ）。しかし、デジタルカメラの普及でフィルムケースの入手が難しくなっています（現在、仮説社で販売してます）。そこで、アルミホイルの芯で作ったロケットで遊ぶことを考えました。

ボトルの口の直径よりアルミホイルの芯の方が少し細いので、スカスカの場合はビニールテープを巻いて、キッチリはまるように太さを調整します。ホイルのメーカーによって芯の太さが微妙に違うので、実際にボトルの口にあわせてみます（なかには、そのままでキッチリはまるものもあります）。

子どもの人数ぶん材料を用意できるようなら、そして、時間があるなら、子どもたちに作ってもらうのも楽しいでしょう。

作る時間はなくてもちょっと遊ぶ時間はとれる……そんなときは、グループごとに「ロケット1台、アルミ製ボトル1個、霧吹き1個、チャッカマン1個」が用意できれば遊ぶことができます。

【研究問題1】準備物：ビニール袋（15cm×20cmぐらい。これより大きくしない）、ボンベ入り水素、ロウソク、1メートル程度の棒。

研究問題は，やってもやらなくてもいい問題です。時間や，そのときの状況にあわせてください。

「水素＝爆発」というイメージを持つ子どもが多いので（大人も），たいてい「爆発する」と予想します。

水素を入れるとき，袋をペチャンコ状態にして，空気とまじらないように気をつけます。

ポリ袋に火がついて，中の水素といっしょに「メラメラ燃える」という結果になります。ポリ袋がとけて垂れることがありますし，臭いもします。水を入れたバケツなどを用意して，結果がわかったらすぐ水に入れて消すといいでしょう。

【研究問題2】準備物：ビニール袋（大きさ：15cm × 20cm），ボンベ入り水素，ロウソク，1メートル程度の棒。

激しく爆発するので，指定のサイズより大きな袋を使わないこと。最初に空気を少し入れ，少しふくらませた状態にしてから水素を入れます。

「水素：酸素＝2：1」の割合のとき，爆発の条件が最も良くなりますが，空気中の酸素の割合が20％なので，水素と空気を半分ずつ入れたぐらいでいいです。空気中での〈水素の爆発限界〉は，体積の割合で〈4 〜 75％〉と，とても幅が広いので，目分量でアバウトに水素を入れても爆発します。でも，あまりに「ショボい爆発」になったら，割合がすごく偏ったからなので，やり直しをした方がいいかもしれません。

〔謝辞〕今回，〈爆発〉の改訂版をまとめるにあたってたくさんの人にお世話になりました。仮説社の増井 淳さんの後押しがあったから重い腰をあげることになりましたし，高村紀久男さんには最後まで助言していただきました。長谷川智子さん，藤森行人さん，三木淳男さん，湯沢光男さんから貴重な意見をいただきました。盛岡の仮説サークルのみなさんには例会のたびに議論していただきました。お礼を申し上げます。

② 切り絵・折り染めで
教室掲示

おりぞめの染め紙をたまご形に切り、目玉をつけるだけ。
表情豊かな「たまモノ」で教室をにぎやかに！

切り絵「春夏秋冬」

●季節にあわせた教室の掲示物を手軽に

二宮聡介 　大阪・小学校

　今年（2016年）は５年生とたのしく授業をしています。学級担任をしていると，授業の他にもいろいろ気になることがあります。そのうちの一つに，教室の掲示物があります。

　今回紹介する切り絵「春夏秋冬」は，「季節にあった掲示物をはやく簡単につくりたい」という思いで準備した物です。

春　　　　　夏　　　　　秋　　　　　冬

　どのデザインも，一般的な折り紙の大きさ（15cm×15cm）でつくれるようになっています。

今回切り絵のデザインを考えるにあたり，黒田康夫さん（京都・中学美術）の「模倣美術の授業書〈切り絵〉」で学んだことを使いました。例えば，折り紙のサイズをそのまま使ったり，子どもの切りやすいデザインはどのようなものかなど。ただ，僕なりのこだわりもあります。それは，「美しい作品」よりも「作り易さ」を優先していることです。

中学校の美術とは違って，小学校では，ほぼ毎月1つの掲示物を作る必要があります。そのため，少ない時間数で作品を完成させることが求められます。そこで，この「春夏秋冬」は，掲示物として作ることを意識しました。

今回紹介する切り絵の下絵は，短時間で作れるよう切り易いデザインを意識して僕が作ったものです。切り易いだけでは単調な作品ばかりできてしまいますので，工夫できるようなスペースもあえて作りました。例えばこんな具合です。

・「春の川」……木の配色・川の中に何を作るか・背景にどんなものをいれるか。

・「夏の海」……ヨットの帆の配色・背景の雲を作るか作らないか・海にどんな生き物をいれるか。

・「秋の山」……コスモスの配色・背景の空に何をとばすか・山に何をくわえるか。

・「冬の家」……家の中の様子・木を作るか作らないか・背景の空に何をくわえるか，など。

４つの作品のうち１番作り易いのは，「夏の海」です。細か
く切るところがほとんどなく，作品のイメージも作り易いデザ
インになっています。逆に一番むずかしいのは，「秋の山」です。
コスモスのデザインがむずかしいです。

　「冬の家」「春の川」については，切るのは難しくないけれど，
季節感あるものをイメージしてどこに配置するかが思いつく子
はいいのですが，思いつかない子にはアドバイスが必要です。

　それでは，作り方を説明していきます。

〔作品づくりにかかる時間〕

　１作品目はていねいな説明が必要なため，切る作業で２時間，
貼る作業で３時間，台紙に貼る作業で0.5時間ほど必要です。

　２作品目からは，やり方がわかるので，かなり短い時間でで
きるようになります。切るのに，１時間，貼るのに２時間もあ
れば十分です。時間をかけて作品を仕上げたい子は，休み時間
などで作ってもらいます。早い子は１時間で貼る作業まで終わ
ることもあります。

　早く出来た子に，２枚目を作るようにすすめると，次は「違う
デザインでつくろう」とか「違う配色にしよう」とか工夫する
子が多いです。

　３作品目のときには，下絵を見たときから２作品作るつもり
で，「２種類デザインを考えた」と言っている子もいました。

〔準備するもの〕

・一般的なサイズのおりがみ（いろんな色）。

・アートナイフ，カッターマット，のり（１人１つずつ）。

・黒の油性マジックペン（ぺんてるのマイネームなど）。

・下絵を白い画用紙に印刷したものを１人１枚＋α（失敗した
　時の交換用や早く完成してしまって２枚目を作りたい子用に少し
　多めに用意しておく）。

・縦20cm×横18cmの白い画用紙１人１枚＋α（台紙）。

〔基本のすすめ方〕

①下絵を白い画用紙に印刷したものを，１人１枚配る。

②アートナイフで下絵の白い部分を切り抜く。切り終えると黒
　の線のみ残るはずだけど，だいたい白い部分が少し残ってし
　まう。切り抜けずに白く残ってしまったところは，黒のマジッ
　クでぬりつぶす（机が汚れないよう下に紙をひくといい）。

③裏からおりがみをのりで貼る。すぐに貼ってしまうのではな
　く，まずはどの色の組み合わせが良いのか，何種類かの色紙
　をあててみて考える。細かいところからつくっていくと，き
　れいにできあがる。

④貼り終わったら，はさみで黒の外枠にそって切り抜く。

⑤切り抜いた作品を台紙（縦20cm×横18cmの白画用紙）に貼り，
　作品の上に題名，作品の下に名前を記入し，完成〔口絵参照〕。

【夏の海】（型紙。140%拡大すること）

〈切る順番〉①ヨットの帆と船体の間→②ヨットの帆→③雲の中（雲は
なくてもよい）→④波の上→⑤波の下→⑥水平線の上。

〈おりがみ〉ヨットの帆→海，空の背景の順で色を決める。背景の色を
決めたら，イルカ，魚，鳥，島などオリジナルの飾りを考えて作り，
あとで貼る（教師は黒板にこの絵に合いそうな物を板書するとよい）。

【秋の山】（型紙。140％拡大すること）

〈切る順番〉 ①コスモス大の花びら，コスモス小の花びら→②コスモス
　　大の真ん中，コスモス小の真ん中→③空→④コスモスの軸は自分で
　　工夫して切る（細い方がよい。98ペや口絵参照）。
〈おりがみ〉 コスモスの真ん中→花びら→軸の順に決める。背景にあた
　　る空の色を決めたら，もみじ，いちょう，鳥，トンボなどオリジナ
　　ルの飾りを考えて作って貼る。

【冬の家】（型紙。140%拡大すること）

〈切る順番〉 ①まど→②木の枝まわり→③木の上の部分。

〈おりがみ〉 まどの内部（色やシルエットなど細かい工夫を）→木の部
　分→背景にあたる空の部分。雪や星，ゆきだるまなど，背景の飾り
　をたくさん工夫できる。背景用の折り紙に飾りを貼り付けてから最
　後に切り絵に貼り付ける。あくまでも切り絵なので，雪だるまなど
　の飾りも，描くのではなく，折り紙を切って貼ってほしい。

【春の川】（型紙。140％拡大すること）

〈切る順番〉①木の中→川の中→木の左側→川の右側→残りの部分。
〈おりがみ〉木→川→背景にあたる空の部分。それぞれ1色ではなくグ
　ラデーションにしたり，何色か重ねるなど工夫をして春らしくして
　ほしい。桜の花びらを散らしたり，魚などの生き物を川の中にはる
　とたのしい感じになる。

〔感想〕

　今回は，１年間の中で４回にわけて作成したので，まとまった感想をとれていません。作成中の子どもたちの声を集めてみました。

☆切り絵は，じゆうなところがよかった。

☆考えて時間をかけて，よい作品になったからうれしかった。達成感がすごかった。

☆何色にするかや，何を作ってはるかなどを考えるのがたのしかった。

☆思っていたよりうまくできたので，切り絵がよかった。

　——また，友達の「秋の山」を見ての感想を書いてもらったものを一部紹介します。

☆いちょうがすごく上手で，コスモスの色も同系色にそろえられていてとてもきれいです。大きい方のコスモスの真ん中がきれいな円形だった。

☆かきの木やカラスが夕日に向かってとんでいってるのがリアルですごいなと思いました。夕焼けとピンクと赤のコスモスは，とてもあっていました。そこに青い海は入るのもきれいだと思いました。

＊

　ぜひみなさんも，切り絵「春夏秋冬」をクラスの掲示物つくりとしてやってみてください。

学級目標は
どっちに転んでも，シメタ！
(＊板倉聖宣『発想法かるた』の中の一句。原文は「どちらに転んでも，シメタ」)

峯岸昌弘　群馬・小学校

◆定番の学級目標

　年度の初め，僕が一番気合いを入れてやる仕事は，「どっち
に転んでも，シメタ」という学級目標を，教室の前に掲げるこ
とです。毎年，同じ言葉を飾るので，デザインだけでも変化を
つけようと，新しいクラスの子どもたちに協力してもらって飾
り付けをしています。

　普通，「クラス目標」というのは，子どもが自分たちで考え，
それを掲げて守るものです。けれど僕は，わがままかもしれま
せんが，〈僕が子どもたちに伝えたい目標〉を提案して，それ
を採用してもらっています。教師が子どもたちにお願いしてま
で掲げてほしい目標——それほどの価値を見いだせる目標なん
て，普通はないと思いますが，僕にとってはそれが，この「どっ
ちに転んでも，シメタ」なのです（口絵参照）。

　僕の授業の内容は全部忘れてしまっても，この目標だけは忘

れないでいてほしい——そんなふうに思っています。

　これを教室の前に掲げると，グッと勇気がわいてきます。この１年，クラスで起こるであろうたくさんのトラブルを，前向きに乗り越えていけそうな気がしてくるのです。

◆**今年は〈たまモノ〉で！**

　今年（2017 年）の学級目標の飾り付けは〈たまモノ〉にしました。

　〈たまモノ〉というのは，卵形に切った和紙におりぞめをして目を貼る，というものづくりです（詳細は本書115 ペ参照）。2016 年の夏に，新潟の「科学の碑」で行われた「たのしい障害児教育・合宿研」で山本俊樹さんが紹介してくださった時からずっとやってみたかったのですが，「学級目標の飾りにしたらよさそう」と思って，ずっと温存していたのです。

　そして，新年度がはじまり，満を持しての登場です。今年は５年生の担任なのですが，「染め初め」ということで，山本さんのプラン通りやらせていただきました。とてもやりやすかったです。初めての子どもたちも，安心してたのしめていました。

▲「どの色で染めようかな……」

そして，〈たまモノ〉で学級目標の飾りが完成したときに，僕の中に生まれた想いも模造紙に書いて，学級目標の隣に貼ってみました。

◆いつでも思い出したい言葉──「どっちに転んでも，シメタ」

この「どっちに転んでも，シメタ」というのは，科学史家，板倉聖宣さんの有名な言葉です。

「どちらに転んでも，シメタ」
条件が変わると見えるものも変わる

何か変わったことが起こるといつも「悪い方に転んだ」と思う悲観的な人がいます。剣道で立ち会っていて，相手が少し動いたらいつも「打ち込まれる」と思うようなら，その試合は負けに決まっています。相手が少しでも動いたら「しめた，すきができたぞ」

と思えるようになったら，試合に勝てるようになるでしょう。

　何か変化したときは，負ける恐れもある代わりに，その変化を
うまく利用して勝つチャンスでもあるのです。いつも悲観的に考
えていると，そのチャンスを見過ごしてしまいます。どんな変化
のときも，必ず自分に都合のいいチャンスにもなっていることを
忘れないことです。　　　（板倉聖宣『発想法かるた』仮説社，品切れ）

　先が見えないほど辛いことがあったとき，僕はいつもこの言
葉に助けられてきました。「もうダメだ！」と思うようなこと
があっても，この言葉を思い出すと，「これも，どうにかしたら，
シメタになるのかな」と，前向きな一歩が踏み出せるようにな
るからです。

　けれど，この言葉が自分のものになるまでは，なかなかそん
なふうには思えません。本当に「もうダメだ……」という時に
は，「よ〜し，シメタになるぞ」なんて，とても思えるもので
はないのです。人生には「ああ，もうどうでもいいや」と，な
げやりな気持ちになってしまうことが，何度でもあるものです。

◆いろいろあって，今がある

　僕が初めて人生に挫折したのは，大学に落ちた時でした。群
馬の大学を受験したけど，見事に落ちました。とても「シメタ
にしてやろう」なんて思えませんでした。それどころか，「も
う人生やめたい」と思ったほどです。

その後も，失恋したり，教員採用試験にも落ちたり，仕事で大失敗したりと，いろいろありました。やさぐれたりすることもあったけど，時間が経って後から考えてみると，それが見事に「シメタ」になっていたことに気づくのです。

　群馬の大学に落ちてしまったから，次の年に東京の大学に行こうと思い，群馬では経験できないようなことがたくさんできました。失恋の経験は，今の結婚生活で大いに役に立っているし（笑），教員採用試験に落ちたことで，エリート教師のコースからは外れ，違う面から学校を眺めることができるようになりました。

　辛かったことも，月日が経つと，「それほど大変な事でもなかったな」と思えるようになります。それどころか，「あんなことがあったから，いま，この時をたのしく生きてるんだなぁ」と思えたりもします。まさに，たくさんの失敗が，この言葉の本当の意味を，僕に教えてくれました。

　たった１年のお付き合いになると思いますが，新しいクラスの子どもたちにも，きっとこの言葉の大切さを伝えることができると信じています。クラスの中でも，たくさんの失敗や，たくさんの間違いがあるのですから。でも，それは必ずシメタになります。そういう振り返りを，いつでもさせてあげたいと思っています。

　人間は一人では生きていけません。みんなと関わり合って生

きています。だからこそ，たくさんのトラブルが起こります。時には，友だちとケンカしたり，いじめたり，いじめられたりすることだってあるでしょう。けれど，それも誰かと関わり合っている証拠だと思っています。そしてそれは，「そんなふうに摩擦のある生き方をしていたら，お互いに過ごしにくくなるぞ」ということを学ぶチャンスだとも言えるのです。

今年も，1年の間に起こるであろうたくさんの問題を，ひとつひとつ丁寧に「シメタ」にして，「失敗の仕方」や「過ごしやすい仲間の作り方」を学んでほしいと願って，僕はいつもこの目標を掲げているのです。

◆新しい時代を生きるために

授業書《世界史入門》（『第3期 仮説実験授業研究4』仮説社）で僕が学んだことがあります。それは，「外国のマネをする時代は，もう終わったのだ」ということです。

日本はこれまで，中国や欧米などの，その時代の〈世界最先端の文化〉をマネし，自国の文化の中に取り込むことによって発展してきました。けれど，そんな日本も，いまや世界最先端の国の仲間入りを果たし，「外国の文化をマネすると得をする」ということが，ほとんどなくなってきてしまっています。

板倉さんは「いまの親は，自分の子どもが勉強をした後，どんな職業について生計を立てていくのか，予想することが難し

くなった」と言われていました。自分の子どもが〈現在は存在しない仕事〉についている可能性だってある，ということです。

　明治時代はみんなが勉強できる時代ではありませんでした。一部の人が勉強し，外国の技術を学び，それを生かすことが大切な時代では，自分自身が新しい時代を切り開いている手応えがあったからこそ，苦しい勉強にも耐えられたわけです。しかしながら，今では誰もが勉強できる時代になり，大学を卒業したところで大して就職に有利でもなくなりました。これも，外国の真似をする時代が終わっている証拠の1つだといえます。

　これからは，どんな仕事がみんなの笑顔を作り出せるものなのか，自分たちで考えていかなければならない時代なのです。そういう時代には〈失敗がつきもの〉ですから，失敗との上手な付き合い方が必要なのです。

　自分で考えて新しいことに挑戦すると，必ず間違えます。それは，仮説実験授業を通じて子どもたちが僕に教えてくれたことです。〈間違わない〉などというのは，〈自分で考えていない〉〈新しいことに挑戦していない〉ということです。

　新しい時代を切り開くときには，「失敗しない」などということはありえません。逆に言えば，失敗の仕方を学んでおかないと，絶望してしまう可能性だって出てくるわけです。日本は，東日本大震災の死者数よりも多い数の人が，毎年〈自殺〉している自殺大国です。この問題と，今までの〈教育〉が無関係だ

とは思えません。人間は，誰だってみんな，間違えながら，失敗しながら生きているのです。だからこそ，失敗したときや，うまくいかないときに，「シメタ」と思える発想を身につけておくことが大事になるのだと考えています。

でもそれは，一朝一夕で身につくことではありません。だいたい「もうどうにもならない」などという失敗をしたときほど，「シメタになっている」という発想は思い出せないものです。だから，失敗したり，間違ったりする度に，確認していく必要があると僕は思っています。そうやって，「ああ，確かにシメタになっているんだな」という経験を積み重ねて，ようやく身についていくものなのでしょう。

失敗したときに，この言葉を早く思い出せるようになると，人生は明るく開けてきます。今年も，そんなことを意識しながら，クラスの子どもたちと一緒に過ごしていきたいと考えています。

▼〈たまモノ〉のやり方を書いた板書

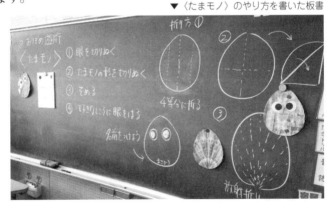

114

〈たまモノ〉

山本俊樹　奈良・おりぞめ染伝人

　〈たまモノ〉というものづくりは，ヒトコトでいえば，「卵の形に切った紙を染めて，そこに目を貼る」というものです。学校の授業はもちろん，大人でも楽しむことができます。

　これを〈おりぞめで遊ぼう〉というテーマでプラン化してみました。おりぞめをあまりしたことのない人は，この通りに進行してみてください。おりぞめに親しんでいる人は，こだわらずに楽しんでください。

●用意するもの

・25センチ角の障子紙。

・〈たまモノ〉の型紙（117ペ）。

・眼の型紙を印刷した紙（118〜119ペ）。

・染料セットと容器。染料は黄・ピンク・青の３色でOK（仮説社で販売）。容器は発泡トレーなど。

・ハサミ，ノリ，雑巾，新聞紙。

●作り方

①〈たまモノ〉の形に障子紙を切り抜く（切って用意しておいてもOK）。

②障子紙を折って染める。おりぞめに慣れていない人には，まずは見本として下記の４種類を提示する。

〔見本１〕縦に４等分に折り畳み，さらに正方形になるように折り，１辺を染める。

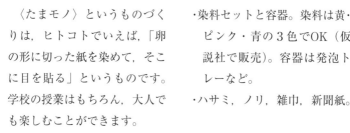

115

〔見本２〕四つ折りにしたら，弧の部分を折り畳み三角形にする。そこから２〜

３回三角折りして，３色使って好きに染める。

〔見本３〕放射状に折り，色を帯状に染め分ける。

〔見本４〕クシャ折り（くしゃくしゃに紙を丸める）して好きに染める。

　折り方・染め方は紹介した種類以外の方法でも構わない。どれをしていいかわからない人には，見本１の四角折りか，２の三角折りがおすすめ。それでも決まらない人には教師が紙を折って，「これを染めて」というのも選択肢。

　染めたら広げて新聞紙の上に置いて乾かす。

③眼を切り抜く（切り抜いておいてもＯＫ）。一番最初は卵の型紙と一緒に印刷されている「基本の眼」がおすすめ。

④好きなところに眼をノリで貼りつける。どこに，どのようにつけてもいいことを示す。

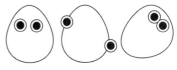

●２枚目を作るとき

　続けて２枚目を作るときは，「眼は同じでもいいし，別の眼でもいいよ」と，違う眼も見せます。わたしの案の重要な点は，「１回目を束縛すること」。以降は，折り方，染め方，眼などを自由にやってもらいます。１回目で道具を手に入れて，以後はそれを自由に使う，というイメージです。そのために，どのように束縛するかを選び抜いているというわけです。

〈たまモノ〉の型紙

作り方

1番　眼を切り抜く
2番　〈たまモノ〉の型紙を使って障子紙を切り抜く
3番　障子紙を染める
4番　好きなところに眼をノリで貼りつける
どのように貼ってもそれなりに見えるので大丈夫

みんなで作って，集めてみよう
集え，〈たまモノ〉たち

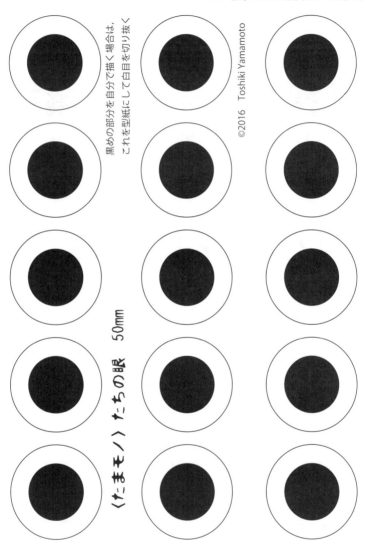

黒ぬの部分を自分で描く場合は、
これを型紙にして白目を切り抜く

©2016 Toshiki Yamamoto

〈たまモノ〉たちの眼　50mm

©2016　Toshiki Yamamoto

〈ケモモノ〉たちの眼　50mm

たまモノ〈ほっぺちゃん〉

●赤丸シールでさらにかわいく！

今谷清行　福岡・特別支援

◆「たまモノ」に出会う

　〈折り染めのスバラシサを伝える人〉として「おりぞめ染伝人」を名乗る山本俊樹さん。『みんなのおりぞめ』（仮説社）というオシャレな本が刊行され，ますます精力的に活動されています。その山本さんに2016年の夏，新潟県湯之谷で行われた「障害児教育全国合宿研究会」でお会いし，またまたステキな折り染め活用法（授業法）を教わりました。

　それは「たまモノ」。和紙を〈卵形〉に切り取り，それを自由に折って染め，上質紙で作った目玉を貼り付けて完成というものづくりです（本書115ペ掲載）。

⇧山本さん考案の「たまモノ」

ボクはこれを見たとき，「この折り染め活用法は気軽にできていいぞ」とうれしくなりました。そして，「そういえば，福岡の岸久利さん（宗像仮説サークル）は分子模型に目玉を付けていたけど，目玉が付くとなんでもかわいく，愛らしくなるものなんだ

なぁ」と感心したことを思い出しました（下写真）。

　そこで，2学期にさっそく，自分のクラス（特別支援学級）で「たまモノ」を実践してみることにしました。4人の子どもたちは，どの子もすんなりととりかかってくれました。特別支援学級では，とってもイイものづくりでないと，どの子もやってくれるというわけにはいきません。ですから，「たまモノ」にはすぐに手応えを感じました。

　できた卵形の折り染め用紙はまだ乾いていませんから，目玉を付けるのは明日にまわすとして，とりあえず目玉なしで全員記念写真をとりました。

　「卵形で顔を隠す」という撮影方法も山本俊樹さんが教えてくれたことです。うちのクラスは写真を嫌がる子が多いのですが，この撮影方法だとケラケラ笑いながら撮影に応じてくれました。

　そして，次の日，目玉を付けることに。すると子どもたちはこんどもケラケラとうれしそうに，目玉の種類や位置を決めて貼り付けていましたよ。女の子なんて「カワイイー」を連発していました。

　できた作品は，「10月の掲示物」として活用しました。廊下でこの掲示物を目にした先生方

や他のクラスの子どもたちが「きゃー，カワイイー」と声を上げてくれるので，そのたびに，教室でボクや子どもたちはニンマリするのでした。

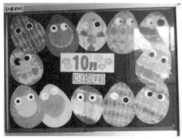

⇧大好評だった10月の掲示物

◆たまモノ「ほっぺちゃん」

さて，「カワイイ！」という評価に気をよくしたボクは，「もっと〈たまモノ〉をかわいくできないかな」と考えはじめました。

「もっと小さくしたら，よりかわいく，より愛らしくなるんじゃないか」——そう思ったボクは，11月の掲示物を作らないといけない時期に来ていたこともあり，クラスの子どもたちにまた作ってもらうことにしました。

今度は大きさを縦も横も「たまモノ」の半分くらいにすることにしました。そうすると，面積だと4分の1の小ささになります。

ただ，小さくするとこれまでのように「和紙を卵形に切った後に，それを折って，さらにその折ったものを染める」という手順は「やりにくいだろう」と思われました。紙が小さくなるほど折りにくいですし，折りたたまれてずっと小さくなった和紙に染料をねらってつけるのはさらに困難でしょう。

そこで，最初に紙を染めてから卵型に切ることを思いつきました。模様をつけた折り染め済みの用紙に，型紙をのせて卵形を書き取り，線にそって切ればいいのです。この手順でいくと，イイ効果が生まれました。それは，〈卵形のどこにどんな模様を持って行くか，自分で選択できる〉という効果です。

おかげで，染めた模様が〈口に見えたり〉〈おなかに見えたり〉〈髪や帽子に見えたり〉など，発想が刺激されてきます。

あとは目を貼り付けるのですが，〈小さなたまモノ〉にしたことで，市販の「丸ラベルのシール」が使えるようになりました。白シールにマジックでいろんな目を描き，あとは好きな位置に貼ればいいのです。

さらに，このシールを使うというアイデアは，「赤丸シールを使えば〈ほっぺた〉になるぞ」というアイデアにもつながりました。

元々の「たまモノ」には〈ほっぺた〉はついていませんから，この小さいたまモノは，「たまモノ〈ほっぺちゃん〉と呼ぶことにしよう」と決めました。

さあ，できあがった作品の一部をお見せしましょう。〈ほっぺちゃん〉がいっぱいいて，それぞれに個性的な表情があって，とってもカワイイでしょ！

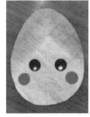 

⇧青い髪みたい　　⇧覆面みたい

⇧お魚みたい　　⇧模様がステキ

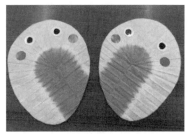

⇧おしゃべりしてるみたい

では，〈たまモノ・ほっぺちゃん〉の作り方を紹介します。

123

◆作り方

①事前に和紙（障子紙）と染料で好きなように染めた，折り染め用紙を用意します。紙のサイズは 20 × 25cmでも 25 × 25cmでもいいです。

　折り方・染め方，色の選び方もいろいろと試してみてください。いろんなタイプの色や模様があった方が発想が広がっていいと思います。

＊「折り染め」用の和紙や染料は仮説社（https://www.kasetu.co.jp/）でも販売。

②ちょっと厚めの画用紙で作った「卵形の型紙」（126 ペ）を折り染め用紙に置いて，鉛筆で型を取ります。

　このとき，模様が〈覆面のようになるように〉とか〈口に見えるように〉等と意図するとおもしろいでしょう。しかし，何も意図しなくても，「たまたまそう見えた」というのでもおもしろいですし，「○○

に見える」というのがなくても，ただの模様としてだけでも，この〈ほっぺちゃん〉はかわいくなると思います。

③ハサミで和紙を卵形に切り取ります。

④丸ラベルシールを，赤と白の２色用意します。ボクはダイソーで〈中〉（直径15㎜）と〈大〉（直径20㎜）の２種類をそれぞれ購入しました。

⑤白色の丸ラベルに，黒マジックでいろいろな目玉模様を描きます。目玉模様は，次の見本も参考にしてください。丸ラベルのサイズは，中でも大でも，どちらでもカワイイです。

⑦最後に赤色の丸シールを貼っ
　てほっぺたにします。これも
　中でも大でも OK。これで〈た
　まモノ・ほっぺちゃん〉の完
　成です！

こうして作った 11 月の掲示物
もとってもかわいく仕上がりま
した（下写真）。〈たまモノ・ほっ
ぺちゃん〉、オススメです。

〔口絵参照〕

⑥卵型の折り染め用紙に目玉
　シールを貼ります。卵型は上
　下逆さにしてもおもしろいで
　すし，目玉の位置を上の方に
　してみたり下の方にしてみた
　り，くっつけたり離したり，
　いろいろと工夫ができます。

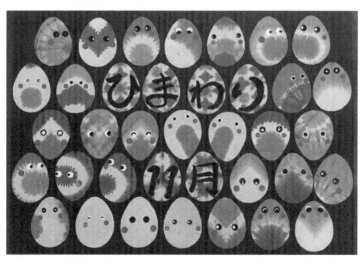

＊143％拡大してお使いください。

〈たまモノ・ほっぺちゃん〉型紙

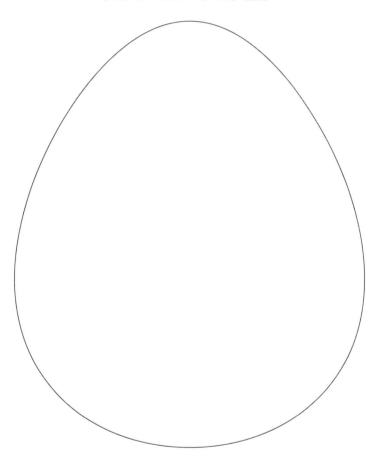

©2016　Toshiki Yamamoto

❸ 保護者にも好評な
学級通信

子どもたちのステキなところを知らせる「学級通信」。
気楽に書けて，そのうえ保護者にも喜ばれます。

学級通信でステキ発信！

佐竹重泰　東京・小学校

●学級通信は出さなくてもいいものだけど……

　僕は「たいやき」というタイトルの学級通信を時々出しています（「たいやき」が僕の大好物）。学級通信は出さなくてもいいものですし，正直言って「作成が面倒」「書くことがない」という悩みはずっとあります。学級通信を書いているというと，「佐竹さんは文を書くのが上手だから，苦もなく通信を出せるんじゃないの？」と思われるかもしれませんが，僕は文章を書くのは苦手です。学年通信などの挨拶文なども，数年前の文章を見て真似して書いているというのが実情です。

　そんな僕が，どうして「学級通信」を時々にでも書き続けているのかというと，一番の理由は，保護者や子どもたちが喜んでくれるからです。つい先日も，保護者会でクラス（小3）のお母さんが「先生，〈たいやき〉，すごくいいですね」と言って

くれました。教室の子どもたちも，学級通信を配ると喜んでくれる子が多くいます。

「お母さんが，〈たいやき〉たのしみって言ってたよ」

「先生，最近〈たいやき〉，出てないね」

こんな声が聞こえてくると，つい「出しちゃおうかな」と思って書いてしまうのです。

それから，最近特に思うことに，〈学級通信〉と〈クラス作り〉との関係があります。僕は学級通信に「僕が〈いいなぁ〉と思ったこと」や「子どもたちに伝えたいこと」などを書いています。そのことがクラス作りにちょっとは影響しているのではないかと思うのです。

そこで今回，僕の「学級通信」について，少し紹介させていただくことにしました。何か一つでも，読者のみなさんのお役に立つことがあったらうれしいです。もちろん，学級通信にはいろいろなスタイルがあるので，僕のものが一番いいという意味ではありません。選択肢の一つにしてもらえればと思います。

●内容は「いいこと」だけを気楽に

先ほども書きましたが，「学級通信」は出さなくてもいいものです。それでも僕が時々出している理由は，保護者や子どもたちの喜ぶ声が時々聞こえてくるからです。つまり，僕の「学級通信」の目標は，〈保護者や子どもたちが喜んでくれること〉

です。

　さて，そうすると次は「何を書くのか」ということになります。これは僕の場合，はっきりしています。**「いいことだけを気楽に書いて出す」**のです。

　「学校からのたよりは，いいことにかぎる」ということについては，小原茂巳著『たのしい教師入門』（仮説社）の「学校からの〈たより〉」（208ペ）にこんなふうに書かれています。

　　「学校からのたより」はイイ知らせに限る。とくに，学級通信などの「たより」を書くのが苦手だったり，億劫な人（僕もそんな一人だった）は，とにかくはじめから〈学校からのたよりはイイ知らせにかぎる〉と決めこんでいた方がいい。ワルイ知らせよりイイ知らせをどんどん「たより」にしてしまおう。すると，とにかくお母さんたちや子どもたちに喜ばれちゃう。歓迎されちゃう。

　　この〈喜んでもらえた〉というのが大切なんだよなー。教師の自信につながるもの。〈おっ，僕のやっていること，僕の「たより」もまんざら捨てたもんじゃないな。よしっ，こんな感じでいけばいいんだな〉ってね。

　　お母さんたちや子どもたちに一度喜んでもらえるとね，また次も喜んでもらいたくなる。するとね，〈イイことを探そう〉って気になるんだよね。子どもたちの欠点やだらしなさより，子どもたちのイイところ，スバラシイところを見つけようという視点をもつようになる。うんっ，これ，〈教師の進歩〉にもつながる。

そう，だから，とにかく，まずは〈学校からのたよりはイイ知らせに限る〉でスタートするのがいいのです。

　反対に悪い知らせは，ほとんど読者に喜ばれません。（略）親の笑顔が想像できなくなると，ますます「クラ〜イたより」「グチっぽいたより」になって，〈読まれない通信〉になってしまうのです。

　そう，僕の場合も，まずは子どもたちや保護者の笑顔が予想できるから，ちょっと面倒な「学級通信」も書いて出すことができるのです。

　ところで，「いいこと」っていうのは，「○○ちゃんが今日黒板をきれいにしてくれていました」なんていう日常のささいなことから，子どもたちのほほえましい出来事，また「今日，みんなで楽しく花壇で水まきをしました」なんていう事実を書いただけのものまであります。

　また，たのしい授業の様子，ものづくり・ゲームの報告，いい話の紹介など，読者が喜んでくれそうな「いいこと」も気楽にのせています（これらの具体例は，後ほど紹介します）。

　それから，次ページに載っているのは，最近の僕の学級通信です（サイズはＢ５）。見ていただくとわかると思うのですが，かなり余白があります。もちろん，伝える内容がある時にはたくさん書くこともあるのですが，基本はこのぐらいの文字数でも出してしまいます。だから，気楽に何枚も出せるのです。この余白に連絡などを書きこんじゃったりすることもあります。

こんな書き方なら，けっこう気軽に学級通信を出せる気がするのですが，どうでしょうか？

●誰に向かって書くか──読者は保護者と子ども

僕の場合，学級通信は，「子どもたちだけ」に向けて書いたものを出したり，「保護者だけ」に向けて書いたものを出したり，「子どもたちと保護者の両方に向けて」書いたものを出したりしています（次ペ）。これも小原さんに教わりました。

以前は，保護者だけに向けて書いていました。しかし，書く相手を保護者だけでなく子どもたちにまで広げることで書く内容も増え，今までより楽に学級通信が出せるようになりました。その結果，保護者にも子どもたちにもより喜んでもらえているのではないかな～と思っています。

しかし，新しいスタイルで書きはじめたころは不安でした。「保護者に向けて書いた〈たいやき〉の方は喜んでもらえるかもしれないけど，子どもたちだけに向けて書いた〈たいやき〉の方は，保護者には喜んでもらえないかも，いや，読んでもらえないかも」なんて思っていたのです。

でも，何度か保護者の人の声を聞くうちに，「子どもたちだけに向けて書いた通信も，保護者はけっこう読んでいる」「〈教師である僕が，子どもたちのことをどんな風に見ているのか〉ということや，〈学校であったこと〉などもわかるので喜んでもらえる」ということがわかってきたのでした。そのことは特に，小1ではっきりとしていました（後述「かんたん学級通信」）。「子ども向けと保護者向けの両方の通信を出す」ことは，第1号の紙面に書くと同時に，最初の保護者会で説明をしておきました（学級通信は，毎回，管理職へも配布するので，こういったことを最初に載せておけばその後がスムーズです）。

たいやき No.8

平成〇〇年〇月〇日
発行・〇〇区立〇〇小学校
3年1組　佐竹重泰

3-1のみんなへ

　朝，教室に入ってくる時に元気よく挨拶してくる人がいっぱいいます。いいな。

　先生も，朝，眠くてしょうがないのだけど，みんなが元気良く挨拶してくれるので，先生も思わず「おはよう～！」と声を出してしまいます。
　そして，そんな風にしているうちに，先生も元気になってきます。
　毎朝，みんなから元気をもらっています。ありがとう！

〔子ども用〕

たいやき No.5

平成〇〇年4月〇〇日
発行・〇〇区立〇〇小学校
〇年〇組　佐竹重泰

　1組では，ちょっとした隙間の時間ができると読書をすることにしています。そのために，私が用意した本が教室の後ろにズラーッと並んでいます。
　さて，この日は初めて3分くらい隙間の時間ができました。
　「では，早く終わった人は読書をしましょう」
　こんな風に私が言うと…

　子供たちはみな静かに自分の席を立って，後ろに並んでいる本のところに行きます。そして，誰もしゃべらないで黙って本を選び始めました。

　いいね～！

　こういう場面では，私が「静かに選ぶんだよ」などと言っておかないと，たいていの場合ザワザワしてしまいます。
　なんでもないようなことかもしれませんが，「指示がなくても自分たちで考えて動ける」ことは，とても素晴らしいことだと思うのです。
　1組の子どもたち，いいな～！

〔保護者用〕

●何をどんな風に書いて配っているか

では，実際に書く際の様子や，配布の仕方についてくわしく紹介します。

▶通信を出す頻度は？

僕の場合，最初の頃は何号か調子よく出ます。それは，毎年同じ内容の「定番通信」があることも大きいのです（後述137ペ）。しかし，1ヵ月を過ぎるころから，あまり出なくなったりするので「不定期」発行です。これは第1号にも書いておきます。

▶気がついたことをメモする

僕は，「〈たいやき〉に載せたいな」ということがあったら，すぐにその辺に置いてある書類の端っこなどに単語でメモしています。例えば，とてもたのしく部首カルタの授業ができた時には，「カルタ」という単語だけをメモしておいて，後で文章にします。

▶「いいこと」の具体例

①子どもたちのちょっとしたいいこと……教室で過ごしていて気付いた子どもたちの「いいところ」を紹介します。例えば，「忘れ物をした友達に代わって取りにいってあげた子の話」「給食をこぼした子が床を拭くのを手伝ってあげている子どもたちの話」など，困っている子を助けてあげる話や目立た

ない所でいいことをしている子の話などがよく出てきます。

②たのしい授業の様子を紹介……各教科の授業，とくに，「仮説
　実験授業」や『たのしい授業』で知った授業などの様子を紹
　介しています。

③わたしは誰でしょう……①の
　「子どもたちのいいところ紹
　介」ですが，子どもの名前を
　伏せて「だ～れだ？」という
　題で出すことがあります(右)。

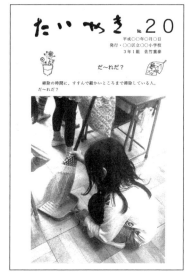

　また，文字や作品（絵や感
　想文などを含む）などを載せ
　て,「だれの字(作品)でしょう」
　とすることもあります。配る
　時に，みんなで「あてっこ」
　もしています。「さて，この
作品を書いた人は誰でしょう」と僕が言うと，子どもたちか
らは一斉にいろんな子の名前が出てきます。感想文の紹介の
ときには，書いた本人はもちろんですが，感想文に登場した
子どもたちもニコニコ笑顔になっていました。

④□年□組の教室から……このシリーズは，今，教室で学習し
　ていることを伝えるものです。たとえば，「辞書引き学習法」
　や「計算のきまり」などといったものから，宿題の内容と目

的など，ちょっと硬い内容のものを紹介することもあります。

⑤おまけ……僕は，たまに「さたをさがせ」というのをしています。これは，通信のどこかに，僕（さたけ）のすごく小さな自画像を書いておくというものです。これが好評で，「お姉ちゃんも必ず探しているよ」という話も聞こえてきます。

▶どんな風に配っているか

僕は，通信を配る時には，子どもたちの前で声に出して読んでいます。これも小原茂巳さんから教わったことです。

僕が「学級通信」を出している理由の一つに，普段うまく口に出して言えない「あっ，これっていいな」と思ったことを，子どもたち（や保護者）に伝えたいということがあります。

文字にすることで忘れずに伝えたりできるのと，文字を読めばいいので，照れたりせず素直に気持ちを伝えることができるので，僕は子どもたちに配って声に出して読み，子どもたちみんなとそのいい出来事を楽しんでいるのです。

▶配慮していること

各学期で，クラスの子どもたち全員が1回は通信に出るようにしたいとは思っています。

また，「○○さんがこんないいことをしてくれました！」という話ばかりが連続して出てくるのは，なんかいやらしい感じ

がするので，バランスを考慮しています（ほめるって難しい）。

　それから，一番気にしていることは，「無理して通信を出すのはやめよう」ということです。無理して書いた文章って，あまり面白くない文章になるような気がするのです。あくまで「僕が出したくなったら出す」を基本にしています。

●定番の学級通信

　ところで僕の場合，最初の頃に出す学級通信はいつも同じものです。「毎年同じ通信を出してもいい」ということを小原さんから教えてもらい，驚きましたが，「定番の学級通信」がいくつかあると，苦労がぐんと減ることがわかりました。

　僕の第1号はいつも「僕の名前さがしクイズ」を載せています（次ペ）。漢字で書かれた「佐竹重泰」の〈名前の読み方〉がこのプリントのどこかに隠れているのです。いったい，どこに隠れていると思いますか？　子どもたちには，「わかった人は口に出さないで，そっと僕の所に教えにきてください」と言ってから始めています。

　……実は，「私の願い」の先頭の文字が，僕の名前の「さたけしげと」になっているのです。これは，「アクロステイック」というもので，この名前紹介のやり方は，野村晶子さんが『たのしい授業プラン国語1』（仮説社）の中で紹介されているものです。それを，「出会いの学級通信に使う」というアイデア

たいやき No.1

平成○○年4月○日
発行・○○区立○○小学校
3年1組　佐竹重泰

はじめまして!!　佐竹重泰（さたけ○○○）です

　はじめまして。今度3年1組の担任になった佐竹重泰です。右下に書いたのは、私の1年間の目標です。1年間の間には色々なことがあると思います。楽しいことも、うれしいことも、そして時には苦しいことも…。一人一人が思い出いっぱいつくれたらいいなと思っています。

　私なりにできることをこつこつとやっていきたいと思います。どうぞよろしくお願いします。

～私の名前探しクイズ～

　ところで、私の苗字（みょうじ）（さたけ）と名前の読み方○○○（ひらがなにすると3文字）が、この「たいやき」の中のどこかにかくれています。さて、どこにかくれているでしょうか。答えは第2号で。

私の願い

さあ、みんな
たくさん　あそんで
けんこうな　こころとからだ

しっかり　べんきょうして
げんきいっぱい　あたらしい
ともだちも　できるといいね

※学級通信「たいやき」は、<u>保護者のみなさんと子どもたちの両方に向けて不定期に発行</u>します。そのため、子どもたちにも読めるように書いていますので（私は配る時に、私自身が声に出して読みあげています）、保護者のみなさんに対しては失礼な表現になる場合もありますが、ご了承ください。

を小原さんからうかがって以来，1年生以外の学年を担任するときには，この「名前探しクイズ」のやり方で自己紹介をしています。これだと，あいさつがちょっぴり苦手な僕でも，短い時間で楽しくできるのでいいのです。

定番の学級通信の第2号は，「第1号の僕の名前さがしクイズの答え」と，もうちょっと詳しい自己紹介。それからおまけとして，「ひっくりかえる猫」の型紙を印刷して配っています。「ひっくりかえる猫」というのは，さかさまにして落としても，ちゃんとまっすぐに立つ紙の猫です（『ものづくりハンドブック2』仮説社，所収。僕は，木下富美子さんの「最初から，たのしさ優先で！」『最初の授業カタログ』仮説社，の記事で紹介されているのを読んで取り入れています）。

僕の定番の学級通信第3号は，「今から　ここから」というものです。これは，小原茂巳さんが発行している学級通信の内容をそっくりそのまま真似したものです。小原さんは子どもたちや保護者に向けて担任としての思いを書いています（「ラクなのにグーな定番学級通信」『マネしたくなる学級担任の定番メニュー』仮説社，に収録。以下に一部を抄録）。配ってから子どもたちの前で僕が読み上げています（低学年でちょっと内容が難しいかもと思う時には配布のみ）。

今から　ここから！〔原文は小原茂巳さん〕
今日から，僕と君たちみんなで，新しいクラスのスタート。こ

れからの１年間，たのしい日々にしたいですね。

　そこでお願い。「つまんない」「さみしい」というグチは〈今日だけ〉にしてください。それも，クラスのみんながいない所で〈コッソリ〉ね。そうでないと，今日から一緒にスタートする人たちに失礼というものです。言われた方はイヤーな気持ちになります。

　〈今から　ここから〉──お互い，たのしい一年間にしたい。そこで，できたら気持ちよいスタートにしたいのです。よろしくね。

　お互いのイイ所，今から，いっぱい見つけっこしていこうね。

●「かんたん学級通信」の試み

　「学級通信は，不定期に，無理せず出す」と言いましたが，入学したての１年生の場合は別です。１年生の保護者は，学校の様子がわからなくて不安になる人がいっぱいいるため，通信が頻繁に出ると安心してもらえるようです。

　ただ，〈出すことが義務になる〉とやっぱりつらいです。そこで，小原さんや山路敏英さん（東京・明星大学）に相談に乗ってもらい，「学級通信を簡単にたくさん出す」工夫を考えました。僕のやったことを紹介します。

①通信のサイズは小さいものにする（Ｂ５やＢ６）。

②タイトルを印刷しただけの白紙原稿をたくさん用意し，思いついた内容や日付を手書きで書き込む。

③内容は，その日にあった出来事を簡単に書く。

④給食の時間や５分休みなど，時間を決めて短時間で書く。

これだけで，出すことのハードルがぐんと低くなります。

「すばらしい話を伝えよう」「何か役に立つことを書かなくっちゃ」と考えると筆がすすみません。内容は，「事実」をただ伝えるだけのものでもいいのです。例えば「今日，花壇にいってみんなで楽しく水まきをしました」だけでも，保護者は「学校のことがよくわかる」といって喜んでくれます。

この年の終わりには，126号まで発行できました。保護者にも好評でこんな感想ももらいました。

★「たいやき」毎日ありがとうございます。全部ひらがなで書いてくださるので，娘をひざの上にのせて一緒にもう一度読んでいます。「たいやき」は，働いている私にとって，特にコミュニケーションにとても役立たせていただいています。

★「たいやき」を読むのは，すごく楽しみでした。子どもが帰ってきてからの第一声は，「今日はたいやきある？ ない？」でした。男の子は，全然学校の様子など話してくれないし，話をしてもよくわからないことがたくさんあったので，「たいやき」でとてもよくわかってよかったです。ちゃんとファイルにとじて，宝物としてとっておくつもりです。ありがとうございました。

やった～！ 喜んでもらえてよかったな～。学級通信が親子のコミュニケーションにも役立っているなんて，すご～くうれしいことです。

●本当に伝えたいときに出せばいい

　こんな風に学級通信を出し続けてきて，学校での様子がより
わかるため保護者に喜ばれ，書き手である僕の方もうれしくな
り，その結果としてますます学級通信が出せるといういい循環
が生まれています。また，僕は管理職にも学級通信を渡してい
るのですが，「こういう通信って，いいね〜」なんて，うれし
いことも言ってもらえます。

　それに，〈たいやき〉に書いたことは，「子どもたちのいいと
ころ」が多いので，結果として通知表の所見を書く時にも役
立っています。保護者会でも，以前に配った〈たいやき〉の中
から何枚かを選んで印刷して配り，それを見ながら保護者の人
に僕の口でもう一度解説を加えながら話したりしています（こ
れは，木下富美子さんに教えていただきました）。話すことが用意
できると，安心して保護者会にのぞめます。

　けれど，無理して学級通信を出すのは，僕は反対です。たく
さん出さなくてもいいし，本当に自分が出したいなと思った時
に出せたらいいと思っています。これに関連した板倉聖宣さん
の談話を紹介します。

　学級通信というのは，猛烈教師，熱血教師のシンボルでもあった
んじゃないかな。親がどう思っているかはわからないけど，先生は
「いい」と思って出しているわけだ。でも基本的には「学級通信は
出さなければならないもの」というわけではないでしょ。最低限，

142

親に知らせなければならないものというのは通知表ですね。でも，低学年なんかだと学級通信は必要になっちゃうのかな。

　学級通信の中には，横着なやつでも効果があるやつもあれば，すごく情熱をこめて写真なんかいれてあるのもあるでしょ。だから，「学級通信にはいろいろなタイプがありますよ。あなたに合った学級通信を出せばいいんですよ」と。「あの人の学級通信はすばらしい」と勝手に思って，それに合わせて作ろうと思うからくたばっちゃうんだ。(舘 光一さん編集のガリ本『たのしい授業編集会議 No. 3』より。佐竹が編集し引用)

　先に書きましたが，学級通信に書くのは「いいこと」にかぎります。子どもたちのいいところ，すばらしさを見つけたかったら仮説実験授業をはじめとする「たのしい授業」を1時間でも多くすること，これが僕の一番のおすすめです。授業で子どもたちのいいところが見えてくると，授業以外の場面でも子どもたちのいいところが目につくようになります。すると，「学級通信を出したいな」と自然に思えてくるのです。

　以上，どこか役に立ちそうな考えや方法があったらうれしいです。

宿泊移動教室の前に

●子ども達に伝えたいコトバ

高畠　謙　神奈川・小学校

● ●

●サークルの資料発表で

それは数年前，湘北仮説サークルにお邪魔したときのことです。根本 巌さん（神奈川・中学校）が修学旅行の資料を発表していました。ボクは正直，「中学校の修学旅行なんて小学校で働く自分には関係ないな」と思っていました（根本さんスイマセン！）。

ところが，話を聞いているとそうでもないような気がしてきました。バスの中でのゲームや修学旅行クイズみたいなものも，小学校風に少しアレンジすればできそうです。

それよりも何よりも心に沁みた言葉がありました。それが，

「守られてください」

です。

きっとこの言葉を読んだ子どもは最初「？？？」と思うでしょう。ボクもそうでした。でも，そのインパクト溢れる言葉のあとにつづく文章を読んで感激したのです。

修学旅行に行くのは児童130名，先生は約10名です。いくら先生たちがみんなを守ろうとしても，肝心のみんなが守られてくれなければ先生たちは守りきることができません。

なので，みんなはしっかりと「守られてください」ね。

144

これは，フツーの考え方では到底浮かばない指導のように思えます。「子ども中心主義」が根底にあればこその「お願い」です。ふつう，指導というとどうしても「押しつけ」的な，教師からの一方通行のモノになりがちですが，この言葉は「いっしょにいい旅行にしようね」というメッセージが込められているように思えました。

●保護者の方からお手紙が！

次の年，ボクはその言葉を使う機会に恵まれました。早速，修学旅行の事前指導のときに，その「守られてください」を載せた学級通信をみんなの前で読んだのです（147ぺから全文を掲載）。子ども達はうなずきながら聞いてくれました。

そして，当日は〈事あるごと〉ではなく，〈事ありそうなごと〉に「守られてね〜」と伝えることで，子どもは「おおっと，いっけね！」といったかんじで「ワガママを我慢」してくれるのでした。こっちが一方的に押さえつけるのではなく，自制するキッカケをあげられるコトバだなぁというのを実感しました。

さらに次の年も，また修学旅行に行くことになりました。もちろん，前年で効果を発揮した「守られてください」を使ったことは言うまでもありません。学級通信を配ると，子ども達は「なるほど〜」と，やはり同じように反応してくれました。

出発当日の朝，まさとくんという男の子が「先生，これお母さんが渡せって」といって，ぽち袋を渡してきました。

「ん？　なんだろう，お年玉かな？（笑）」と言って受け取ると，中には一通のお手紙が……。そこにはこんなことが綴られていました。

　　いつもお世話になっています。学級通信，毎回楽しく読ま

145

せていただいています。

　先日の「ワガママはがまんしてください」の"不機嫌はうつるんです……"の部分を読み，ハッ！としました。心当たりがあり，反省しました。私のご機嫌が家族にうつり，皆が毎日楽しく笑顔で過ごせるようにしたいと思います。気づきをありがとうございました。

　1泊2日の引率は大変だと思いますが，先生も子ども達と楽しんでいい思い出を作ってきてください。

　2日間，子ども達をよろしくお願いします。（まさとの母）

　学級通信の，それもある特定の通信に感想をもらうなんて，滅多にないことにおどろき，そして，とてもうれしい気持ちになりました。

　「修学旅行」という特殊な状況下では，興奮したり，はしゃいだり，テンションが上がったりとイレギュラーな条件が重なって，「わがまま」や「危険」をやってしまいそうになる子がいます。でも，その子たちだって「修学旅行」をたのしいものにしたいと思っているはずです。そんなときに「守られてください」は，とてもわかりやすくシンプルないい言葉だと思います。

　ボクは根本さんのマネをした結果，子どもや大人からお手紙や感謝の言葉までもらうことができました。みなさんも，ぜひ「宿泊」の前にマネしてみてはいかがですか。いや，マネすることをオススメします！

　次ページから，ボクがクラスで配布した「修学旅行に行ってきます」（学級通信）の全文を紹介します。

修学旅行に行ってきます

ついに明日です。準備はいいですか。体調は万全ですか。ぜひ，たのしく，思い出に残る修学旅行にしましょう。そのために，全員に３つのお願いがあります。

◆（できれば）全員で参加してください

現在，クラス全員の旅行代金を預かっています。しかし，人生何が起こるか分かりません。夜更かしで体調を崩したり，遊びの中でケガをしてしまったり，そんな何かにあわないように注意して過ごしてください。小学校の修学旅行は１度きりです。ボクもみんなで行く修学旅行をとても楽しみにしています。よろしくね。

◆ワガママはがまんしてください

みんなの修学旅行の目標は大きく２つ，「たのしい思い出をつくること」「世界遺産や歴史的遺産にふれること」です。

そして，その「たのしい思い出をつくる」ためのお願いは，修学旅行中に「ワガママを言わない」ということです。慣れない集団行動です。右も左も分からない初めての土地に行きます。日頃は乗りなれない長時間のバスにも乗ります。時間通り進まない〈予定外〉もあるかもしれません。「文句」や「不満」を言いたくなる条件はそろっていると言えます。でも，そうしたことの数々を班やクラス，学年の仲間と力を合わせて乗り越えることも，修学旅行の大切な目標の１つなのです。

いつまでも子ども扱いされることに甘えないで，ちょっと大人に片足を突っ込んで，少し自分の気持ちや体調は自分で整えるようにしていきましょう。そして，マイナスな発言や行動を出さないようにしてください。不機嫌はうつるんです。同時にご機嫌もうつります。自分だけが辛いような顔をして，他人を巻き込むのは恥ずかし

いことです。どうせ巻き込むなら「ご機嫌」の渦をつくって，みんなを巻き込んでください。

そうは言ったものの，今のこのクラスのみんなを見ていると「大丈夫」と思う自分がいるのも事実です。みんななら，大丈夫。

◆守られてください

先生たちにも修学旅行の目標があります。でもそれは，先に言ったみんなの目標とはまるで違うものなのです。それは……

「児童のみんなを守ること」

「児童のみんなを無事に家に帰すこと」

の2つです。修学旅行中に先生から叱られることがあるかもしれません。叱られれば，いい気持ちとはいかないかもしれません。でも，ただ「叱られた」と思うのでなく，先生たちがなぜ叱るのか考えてみてください。そのときに，上の2つの目標を思い出せばきっと納得ができるでしょう。最後に，何より大切なお願いです。みなさん，しっかり「守られてください」。

修学旅行に行くのは児童は約130名，先生は約10名です。いくら先生たちがみんなを守ろうとしても，肝心のみんなが守られてくれなければ先生たちは守りきることができません。

なので，みんなはしっかりと「守られてください」ね。

——以上，いろいろ言いましたが，一人ひとりがいつもの「叱ります」や「とやかく言わない」を大切にして，ふつうにできることをふつうにしてくれれば大丈夫です。

*

保護者の皆様。2日間，大切なお子さんを預かります。ここまで準備・体調管理，ありがとうございました。安全健康に留意し，笑顔で帰宅できるように指導していきます。

④ 笑顔が広がる
家庭訪問・保護者会

黒ひげが飛んだ人から話す「黒ひげ危機一発」トーク。
ゲーム形式の懇談会だとリラックスムードに。

笑顔と安心感が広がる家庭訪問

●「アンケート」や「一言紹介」がおすすめです！

舘　光一　神奈川・小学校

●家庭訪問は苦痛だったけど

　家庭訪問って，教師にとってどういう存在なのでしょうか。どちらかというと，「面倒だな。イヤだなぁ」と思ってる先生が多いのではないでしょうか。新年度が始まったばかりでまだ子どもたちのことをよく知らない時期に子どもたちの家を訪問して，保護者の方と１対１で話をするというのは緊張することだし，第一，何を話せばよいのかわからないこともしばしば。「う～ん，困ったなぁ。家庭訪問の時間は苦痛だよなぁ」と，つい愚痴が出てしまいそう。

　でも，いつからか，僕は家庭訪問があまり苦痛でなくなったのです。どうしてでしょうか。よくよく考えてみると，子どもたちに「アンケート・学校での私」や「友だちからの一言紹介」を書いてもらうようになってからの時期と重なります。子ども

たちが書いてくれた「アンケート」や「友だちからの一言紹介」を見ながら保護者と話をするのです。「へえー，そうなんだ！」と感心してもらったり，「やだー！」と笑ってもらったりしながらとても和やかに話が進んでいき，「家庭訪問」が楽しく感じられるようになったのです。

　担任を迎える側の保護者の方だって，新年度が始まったばかりの時期に，担任の先生とじっくりと話をしたいことがある人はそう多くはありません。たいして話すこともなく，できればパスしたいと考えている保護者も少なくありません。きっと保護者にとっても，家庭訪問はいろんな意味で負担に感じる学校行事でしょう。

　だけど，子どもたちが書いてくれた「アンケート用紙」や「友だちからの一言紹介」を見ながら，先生とお家の人が気楽にお茶飲み話をするような雰囲気で楽しい時間を過ごせるなら，「あぁ，担任の先生と話せてよかったな」と思ってもらえるんじゃないか。だから，先生にとっても保護者にとってもその時間を楽しく有意義に過ごせるということが大事なんだと思います。そのためには「アンケート用紙」や「友だちからの一言紹介」が，僕にとって決定的に〈なくてはならないもの〉になりました。そして，毎年のようにそれらを持って僕は家庭訪問をしてきたのです。

●「アンケート用紙」で広がる安心感

では，最初に「アンケート用紙」から紹介します。こんな感じの内容です。

学校での私——振り返ってみると

名前＿＿＿＿＿＿＿＿＿＿＿＿＿＿＿＿＿＿

1．○年○組になってよかったことはどんなことですか？

2．休み時間は，だれとなにをしてあそんでいますか？

3．家に帰ってからは，だれとなにをしてあそんでいますか？

4．いまクラスで，とても親しい人はいますか。それはだれですか？

5．新学期からこれまで，どんなことをがんばってきましたか？

6．自分でなおさなければいけないことは，どんなことですか？

7．家の人にほめてもらいたいことはどんなことですか？

8．今，心配なことや困ってることはありますか？

9．○年○組はどんなクラスですか？

僕は毎年，こんな感じで子どもたちに書いてもらっています（高学年を持った時は，委員会やクラブなどの項目も付け加えます）。

家庭訪問に行くと，保護者の方から必ず聞かれることは，「うちの子は学校でどうしているでしょうか」です。でも，それらのことを僕ら担任が的確に把握しているとは限りません。だから，保護者が知りたがっているようなことで基本的なことは担任の先生が前もって知っておくことが大切です。「分かりません」では済まない場合があるからです。「今度の担任の先生は我が子のことを何も知らないのかしら」と不信感を持たれてしまうかもしれません。それに対し，前もって学校での子どもの様子をつかんでおけば，先生自身が安心して話ができるようになります。そればかりか，僕らにとって嬉しくなるようなことが書かれていることもあるのです。

アンケートの項目は，そのような〈学校での子ども情報〉が中心で，友人関係，休み時間の過ごし方など，担任も知っておきたいことを尋ねるようにしています。

また，「自分自身の長所や短所をどう捉えているか」の質問は，その子が自分自身の長所や短所をどの程度捉えているかが分かり，いつも保護者と楽しく話すことができます。自己肯定度が低い子に対しては「自己肯定感を高めていけるように励ましていきたい」という話を絡めながら話をすることもできます。

「〇年〇組になってよかったことはどんなことですか？」の

欄では，「授業が楽しいです」とか「先生が楽しいです」と書いてあったりして担任である僕を嬉しくさせてくれます。また，保護者の方もこういう表現を見つけると安心してくれるんじゃないかと思います。

「○年○組はどんなクラスですか？」では，ほとんどの子が「楽しいクラスです」と書いてあって，担任の僕も保護者もホッとするところです。

そして，「今，心配なことや困ってることはありますか？」では，ほとんどの子が「ありません」と書いてあり，一安心。だけど時には，いま自分が困っている悩みを書いてくれたりする子もいたりして，家庭訪問の時にお家の方と話をすることができます。

このようなアンケートなら，家庭訪問されたお家の方も「我が子は新しいクラスで困っていないようだな。楽しんでいるな。頑張っているみたいだな」とホッと一安心することができるのではないでしょうか。また保護者だけでなく僕ら担任の先生も同様に一安心することができます。

●「友だちからの一言紹介」で広がる笑顔

家庭訪問では，アンケート用紙の他に，もう一つ必ずもっていくものがあります。それは，「友だちからの一言紹介」というものです。これは，木下富美子さんの方法を読んでマネさせ

てもらったものです（「個人面談には〈友達からの一言紹介〉を」『学級担任ハンドブック』仮説社）。どんなものかご紹介します。

〔子どもたちに「一言紹介」を書いてもらう時〕

・クラスの友だち一人ひとりの<u>いいところ</u>を一言ずつ書いてもらう。「友だちのいいところを見つけて書いてね。〈あの人，こんな面白いところがあるんだよ。いいやつだよ〉と先生に分かるように書いてね」と話してから，具体例をたくさん教えるといい。無記名で書いてもらう。

・1日の訪問の人数分だけを毎日5〜6分で書いてもらう。
　「どうしても書けなければ書かなくてもいいけど，できるだけ書いて欲しい」とお願いする。また，自分の名前の欄も遠慮しないで自分自身を褒めて書いてもらうようにする。悪いところが書いてないかチェックする。

・次の家庭訪問日には，また1日分だけ書いてもらう。この繰り返し。

〔「一言紹介」の用紙〕

・B4判の用紙1枚にクラス全員の名前のゴム印を押す。1人分が5cm×5cmくらいの枠になるように，意識して間隔を開ける。家庭訪問する順番に，縦に名前のゴム印を押す。30人クラスで家庭訪問が5日間なら，用紙に縦に6人分，横に

5人分が入るといった具合。線を入れずに折り目をつけて，いきなりゴム印を押すと超カンタン。これをクラスの人数分印刷し，子どもたちに配る。

・子どもたちに書いてもらったら一度紙を回収し，書いてもらった部分（1日分）を裁断機で切り取る。

・切り取った6人分をそれぞれ大型ホチキスで止めて，そのあと，裁断機で1人分に裁断していく。

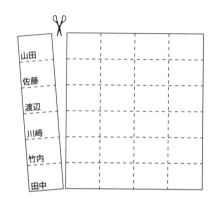

〔保護者に紹介するとき〕

　書いてもらったものを全部読み上げる。「親切」と書いている子が3人いたら，省略しないで3回読む。時々，僕のコメントを入れたりお家の人の話を聞いたりしながら進めていく。

＊

　「友だちからの一言紹介」を読み上げていくたびに，お母さんの笑顔が広がっていきます。そんなお母さんの反応ぶりを見ている僕も嬉しくなって一緒に笑顔になっていきます。笑顔が広がる「友だちからの一言紹介」は僕の家庭訪問をますます楽しい時間にしてくれました。おすすめです。

156

友達からの一言紹介は三者面談に最適です

●生徒理解にも役立つ！

道端剛樹 北海道・高校

三者面談前にはコレ！

　ボクの高校では6月に「三者面談週間」があります。新入生や，クラス替えをしたばかりの生徒との付き合いは，たったの2ヵ月。保護者の方とは学校での子どもの様子などを話しておきたい。できれば家とはちょっと違うステキなところ，いいところを紹介したい。そうは思うものの，高校では給食を生徒と一緒に食べるわけでもなく，一部の目立つ子や人懐っこい子を除いてはよく分からないのが実態です。そこで，役立つのが，『学級担任ハンドブック』（仮説社）に載っている木下富美子さんの「個人面談には友達からの一言紹介

を」。この「友達からの一言紹介」は最高です。やり方は以下の通りです。

①まず，A3の紙にマス目を書きます。たとえば，30人のクラスの場合，三者面談週間が5日間で，1日に面談をする子が6人だとしたら，5×6のマス目にします。

	1日目	2日目	3日目	4日目	5日目
1人目					
2人目					
3人目					
4人目					
5人目					
6人目					

②マス目の一つひとつに，<u>面談する順番で全員の氏名印を押</u>していきます。

③全員分の氏名印を押したら，

クラス全員分30枚を印刷して
列ごとに切りわけます。

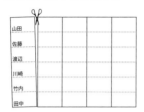

④あとは，面談の何日か前から，
1列分ずつ配り，「〈友達のイ
イところ〉を書いてあげてく
ださい」というだけです。こ
れで生徒1人につき全員から
の〈一言紹介〉が集まるとい
うわけです。

今回（2016年），2年生の担
任となり，さっそく6月の三者
面談でやってみました。「友達か
らはこんなふうに見られている
みたいですよ」というと，「へえ
〜」と驚いたり，「前からそう言
われる子なんですよ」と言って
くれたり，家庭の様子なども話
してくれるようになります。

「どこどこの大学に入れそうで
す」「勉強時間が足りないようで
すね」なんて話もちょっとは大
切ですが，親の立場になってみ
れば，学校の様子，とくに我が
子のイイところがわかるという
のは最高なようです。

もう一度やってみた

僕は1年間の担任を終える時，
授業で書いてもらった感想文や，
作文，授業中に中抜けしたり遅
刻したりすると書かされる入室
許可証の類まで（これはいたず
ら心でですが）全部仕分けして，
一人ひとりに返すことにしてい
ます。その中で一番喜ばれるの
が，この「友達からのイイところ」
です。「へえー，誰が書いてくれ
たんだろう」なんてつぶやきな
がら一生懸命見ています。

今年3月，生徒さんに手伝っ
てもらってこの仕分けをしてい
る時に，すごくいい感触だった
ので，「出会って2ヵ月の時に書
いてもらったものと，1年間たっ

た時の違いがわかったらすてき
なんじゃないか？　時間と共に子
ども達はイイところを見つけて
いるんじゃないか？」と予想し
ました。そこで，クラス替えの
前に再度「友達からの一言紹介」
を書いてもらうことにしたので
す。これが大好評。みんな一生
懸命書いてくれました。

▲▼こんなにぎっしり書いてくれる子
も！　書いてもらったものは一人ずつ切
り分け，まとめて封筒に入れてもらい
ました。

これから高校3年生になり，
進路で悩む時期。〈自分自身のイ
イところ〉をクラスメートから
教えてもらえるというのはとっ
ても自信になったようです。

おまけに……

じつは，このとき担任のボク
の欄も一つ作っておきました。
すると，生徒さんたちがこんな
ことを書いてくれたのです！

☆誰よりも生徒のこと考えてて
大好きだった～。このクラス
は，ほんとに大変だったと思
うけど，最後までありがとう！
担任がどうばちゃんで良かっ
た！　1年間濃かった！　最高
の思い出‼

☆「ほんわか」（学級通信）面白
くて毎回読むの楽しみにして
いました。1年間ありがとう
ございました。クラスで色々
やらかしたりしたのに，ここ
までやってこれたのは本当に

159

どうば先生のおかげだと思います‼ 助けられたこと，みんなたくさんあると思います‼ 先生が担任で本当に良かったです。

☆本当にいい先生だと思う。明るくて面白くて授業も最高‼ 出会えてよかったなーって思う。

☆問題だらけのクラスを見守ってくれた先生。ほんわかの精神を一番知っていたと思います。みんながクラス替えしたくないって思う１番の理由は先生だと思うよ。楽しいクラスにしてくれてありがとう。

☆ほんとあこがれの大人像。これからも頼れる先生でいて下さい！

☆進路すごい迷ったりしてもすごい相談乗ってくれていろんなツテを紹介してくれたり……本当に生徒思いの先生だと思います。いろんなことを教えてくれてこんなにいい先生に出会ったのは初めてです！ ３年でもよろしくお願いします。

☆道端先生みたいな担任には２度と会えないだろうなぁ（って言ってもあと１年だけど）。等身大で話しやすくて，考えていることは面白くて，子どもの心を忘れないでいて，ステキな先生です。１年間ありがとうございました。先生大好き！

身に余る言葉をたくさんもらって，クラス替えするのはとても寂しかったですが，あと１年，卒業まで頑張ろうという力をもらえました。

「友達からの一言紹介」，とっても楽でとってもいい生徒理解法です。オススメです。

笑顔ですすむ保護者会

●私がやっている5つの工夫

木下富美子　東京・小学校

「〈保護者会でこれをやるとなごやかにすすみます〉という話題や，技があったら教えてください」

新米教師からこんな質問を受けました。若い人が今，一番大変なのは，日々の学習指導もさることながら，保護者対応ではないでしょうか。しかし，ベテランでも，「保護者会を気持ちよくすすめるには何をどう話したらいいの？」と悩んでいる人は少なくないようです。

親が知りたいのは，「自分の子どもの日頃の様子」です。子どもたちが楽しく過ごしている様子がわかれば，先生の話し方が慣れていないとか話の進め方がぎくしゃくしていたとしても，保護者会はいい雰囲気になるのではないかと思います。

そこで，私がやっていることをいくつかご紹介いたします。

①定刻に来た人を大事に

　例えば保護者会が３時からの場合，人数がそろっていなくても３時きっかりに「本の読み聞かせ」を始めます。毎回，落語の前座の感じで５分ぐらい読んでいます。これは，時間どおりに来た人へのサービスです。

　読む本は，その時期に子どもたちに読んでいる絵本と同じです。例えば４月なら『うしろにいるのはだれだ』（絵本館），７月『へんしんマラソン』（金の星社），12月『おせちのおしょうがつ』（世界文化社），３月『ねこのピート』（ひさかたチャイルド）など，短くて明るいお話ばかりです。声を出すと自分自身も落ち着くし，間に本があると照れることもありません。呼吸が整ったところで，クラスの方針や私の考え方を説明します。

　こうしたやり方を続けていると，３回目の保護者会くらいから，親がだんだん早く来てくれるようになります。

②クラスの方針や考え方の説明は掲示する

　保護者会で伝えないといけない内容（クラスの方針や事務連絡など）は，Ｂ４のコピー用紙にキーワードを書いたものを用意しています。イメージはテレビ番組のフリップボードみたいな感じです。話す時はこれを見せながら，さらっと説明していくのです。こうすると大事な話も伝え忘れがないし，安心です。終わったら黒板に貼っておくと，遅れてきた人にも分かりやす

くていいです。

　具体的にどんなことを書いているか，４月初めの保護者会の例を挙げてみましょう。一番最初の保護者会では，これから一年間，どのようなことを大事にして過ごしていくかを伝える大切な機会です。最初が肝心。私は以下の３種類を伝えることにしています。

・学校に来る３つの目的

　特に１年生の場合，これははっきりと示しています。幼稚園や保育園のころと決定的に違うのは，「みんなと学ぶ」ということです。これは子どもにも保護

- **明るく**……仲良しの練習。
- **元気に**……外遊びで身体を作る。
- **よく考える**……人の話をよく聞き，友達と学び合う。

者にも，学校に来る目的としてはっきり伝えたい部分です。

・私が怒る３つの場面

　怒る基準をはっきりさせておきます。頭文字をとって「あいう」と紹介するとわかりやすくていいです。これを読む頃になると保護者側も８割がた席が埋まります。

- **あ**……あぶないことをしたとき。
- **い**……いじわるやいじめをしたとき。
- **う**……うろうろしたり，うるさくしたりしたとき。

163

・おうちの人にお願い──2つの漢字

　毎年，漢字を使って「お
うちの人にお願い」をして
います。こんなことを言い
ながら紹介します。

食 と 聴

をだいじに

　「食べるという字は〈人
が良くなる〉と書きます。
整えられた食事で人の関係が作られます。食事の手伝いも様々
なことを親から子に伝えるきっかけになります」

　「聴くという漢字を分解すると，〈耳＋（プラス）目・心〉に
なります。この字の成り立ちを見ると，耳で聞くのはもちろん，
プラス目と心で聞くことが大切になります。親に自分の話を聞
いてもらうことで子どもは安心します。自信が持てるのです」

　こうした話を保護者の方は頷きながら聞いてくれます。

　フリップを使いながらクラスの方針などの連絡を済ませた
ら，保護者の方に自己紹介をしてもらうことにしています。こ
こではお互いの名前をなるべく早く覚えられるように一工夫し
ます。自己紹介のあとにみんなで声を合わせて「○○さーん」
と名前をよび合うのです（奥　律枝「保護者会で交流ゲーム」『マ
ネしたくなる学級担任の定番メニュー』仮説社）。呼ばれた人は
「はーい」とあっさり返事をするだけですが，雰囲気が和やか
になり，みんなにこにこと笑顔になります。

③保護者には子どものいいところを知らせる

できれば保護者会では子ども
のいいところを知らせたいもの
です。そこで保護者会の前に,
子どもたちに「最近の良かった
ことを教えて！ 保護者会でみん
なのことをうんとほめてお母さ
んを安心させたいから」と言っ
て,200字ぐらいの短い作文（右）
を書いてもらっています。

この時,間違っても「反省」などと言ってはいけません。

書くことが思いつかない子には,「漢字頑張ったんじゃな
い？」「笛が出来るようになったね」「キックベース楽しかった
ね」「友達増えた？」などと,具体的に問いかけています。「楽
しかったこと・出来るようになったこと」というプラス思考で
問いかければ,必ずいい答えが返ってきます。

40人が一緒に勉強するのですから,いい日ばかりとは限り
ません。友達関係のいざこざも起こります。それも一つのきっ
かけにして仲よしの練習にしていきます。トラブルも保護者に
そのまま報告するのではなく,どうやって解決しようとしてい
るかまでちゃんと伝え,「いろんな子どもがいるので社会勉強
ができるいいチャンスですよ。大きな気持ちで見守ってくださ

い」と結んでいます。

④クラスの様子がわかるアンケート

　「クラスのことを子どもたちはどう見ているのか」ということも保護者の気にするところです。この時，重宝するのが，子どもたちへのアンケートです。クラスの良いところや直した方がいいところを，子どもたちに直接聞いてみるのです。私は下のようなアンケート用紙を作り，１年生から６年生まで使いまわしています。おおざっぱに良いところを見つけられればいいので，このくらいの項目でいいと考えています。あまり長いアンケートは子どもに嫌われます。

　この用紙にはちょっとした仕掛けがあります。はじめから「良いところ」のカッコは３つ，「直した方がよいところ」のカッコは２つに設定してあるので，合計の比率は必ず

```
No. (     ) 名前＿＿＿＿＿＿＿＿＿＿

①クラスのいいところ　②なおしたほうがいいところ
　(          )　(          )
　(          )　(          )
　(          )

③このがっきでたのしかったこと



④できるようになったこと



⑤ともだちのこと



⑥こまっていること


```

良いところが多くなります（この方式は仮説実験授業研究会の犬塚清和さんの話を参考にしています）。ただ、一つでも書いてくれれば傾向がわかるので、無理にカッコを全部埋める必要はありません。子どもにもそう言います。

アンケートをとる時間がない時は、休み時間に子どもたちにインタビューしています。子どもたちの生の声を拾えば、「へえ、そうなんだ」「知らなかったなぁ」と子どもの良さを見つけることができます。

保護者会では、これらのアンケートをさらっと読んで紹介しています。例えば、クラスの良いところには、「やさしい」「元気」「理科が楽しい」「給食の準備が早い」「本をよく読んでくれる」などが多く、直した方がよいところには「にぎやか」「ろうかを走る」などが書かれていることが多いです。アンケートというよりどころのおかげで、いろいろトラブルがあったとしても「いい雰囲気で回っています」と伝えられます。

このアンケートは保護者会前だけでなく、通知表を付ける時や親から友達関係の苦情があった時にもとるといいです。教師が気づかなかったうれしくなる情報が得られることがあります。大変なクラスでも、子どもたちは意外とおおらかに楽しんだり面白がったりしていることがあるのです。だからまずは「子どもに聞いてみる」ことをお勧めします。

⑤保護者同士が気楽におしゃべりできる時間を

　保護者同士がお互いに知り合いになれるように，グループに
わかれて自分や子どものことを気楽におしゃべりし合う時間を
設けています。

　まず，4人グループになってもらいます。その間に教師が黒
板に「わが子自慢」「私のマイブーム」「得意な料理」「ストレ
ス解消法」「わたしの好きなこと」「子育てで困っていること」
など，テーマをいくつか書いておきます。ここから好きな話題
を選び，1人30秒から1分以内で話してもらいます。

　「30秒から1分以内」でというのがミソです。話が盛り上がっ
てなかなか終われないということがないよう，タイマーで時間
の管理をします。私が終わりと言うのではなく，「ピピピピピ」
という音で「時間ですよー」と知らせるのです。話が途中でも，
「続きはまた今度」といって次に進みます。これが非情なよう
でいて全体が気持ちよく進むコツです。

　あまり時間がないときは，「朝ご飯何食べましたか」とか「夜
ご飯の献立は何ですか」など，ひとことずつ順番に聞きます。
食べ物の話題は場が和みます。

　保護者の方の「得意技」を紹介してもらったこともあります。
「力もちです。部屋の模様替えの時手伝います」とか「パン作
りが好きでパン屋さんでパートをしているので買いに来てくだ
さい」とか。パン屋さんには，次の日からクラスのお母さんた

ちがお店に行き，店長さんに喜ばれたなんてこともありました。
保護者の方の笑顔が見えたら成功です。

時には右のような用
紙に子育ての悩みを書
いてもらい，シャッフ
ルしてほかの親御さん
に回答してもらうとい
うこともしました（木
下「保護者会で大人の

★相談者（ペンネーム）	★回答者（ペンネーム）
「あのー，私，悩みがある んですけど。じつは……	「お答えしましょう……

悩み相談ゲーム」『教室の定番ゲーム2』仮説社，参照）。

　みんな，子育てに絶対の自信があるわけではないので，情報
交換の場は貴重です。前に「先生の保護者会が終わった後は，
子どもに優しくできます」といったお母さんがいました。「先
生に子どものいいところに気づかせてもらった」「どこの家も
同じようにぼちぼちだとわかった」ということのようです。

　この方法を新卒さんに紹介したら，「木下先生の保護者会が
印象に残っています。保護者会は〈担任〉対〈保護者〉でする
ものと思っていたのに，保護者同士で悩み相談をするという発
想にはびっくりしました」という感想をもらいました。

　さて，紹介した中で，どれか一つでも気になるものがあれば，
気軽に試してみてください。笑顔の保護者会になります。

169

保護者面談のとき，気をつけたいこと

●三者とも笑顔で元気に

長岡仁美　神奈川・中学校

●基本は「三者面談」

　保護者面談，個人面談，個別面談……，学校によって名称はいろいろですが，面談をするときには，私はいつも「三者面談」を基本にしています。

　三者とは，生徒本人と保護者の方と私。もちろん，生徒が聞いていない方がよい時には二者面談ということもありますが，三者面談が基本です。その理由は2つあります。

① 〈伝言ゲーム〉を避けたい

　1つ目の理由は，〈伝言ゲーム現象〉を防ぐため，生徒に私の言葉を直接聞いて欲しいということです。自分が聞いた話を

他の人に伝える時，その人のフィルターがかかってしまうのは仕方のないことですが，面談の時の話が私の真意とずれて保護者から生徒に伝わると，生徒と私の関係が悪くなる可能性があります。

　それにまた，保護者の中には〈子どもにこうなってもらいたい〉，逆に〈こうなってはもらいたくない〉という思いを，「先生が言ってたよ」という形で子どもに話す方もいます。こういう場合，生徒はその場にいないのですから，本当は私が言ったことでなくても，〈先生が言ったこと〉になってしまいがちで，私と生徒の関係悪化の心配あり

です（以前，本当に困ったことがありました）。

こういうことを避けるためにも，生徒に私の言葉を直接聞いてもらえるようにしています。

②保護者の不安を解消したい

そして，2つ目の理由は，生徒が自分で口にした反省を保護者の方に直接聞いてほしいということです。

面談が近づくと，大抵の生徒が「ヤダなぁ」と言います。「何て言うの？」「どんなこと話すの？」と探りに来たり，中には「○○のこと，言わないでね」と頼んだり，脅したり（？）する子もいます。こういう子は，学校の先生よりもお家の人の方が怖いので，自分の〈悪行〉をお家の人に知られるのが困るのです（ほとんどの生徒が面談の後，多かれ少なかれお家の人に叱られるので，なるべくその材料を減らそうといってきます）。

一方，保護者の気持ちはどうなのでしょう。わが子の注意点や改善点を面談で聞くと，「先生に注意されるようなことをして……。悪いと思っているのかしら？　ちゃんと反省してるのかしら？」とか，「そんなこともできていないの？　これからはやろうと思っているのかしら？」……心配のあまり，多分こんな感じで口うるさくなって，子どもたちからすると〈叱られた〉となるのだと思います。

でも，私としては面談を親子喧嘩の元にしたくありません。生徒には，「今までに○○はできた。でも□□はもうひと息だった。よし，これからは□□も頑張ろう‼」などと，自信と意欲をもってもらえるようにしたいし，保護者の方には，「うちの子，○○ができてたなんてスゴイ！　でも，□□ができてないなんてしょうがないなぁ。でもでも，これから頑張るって

言っているから応援しよう！」
と，子どもの応援団になっても
らえるようにしたいです。

そこで，面談の最初に生徒自
身に反省点を言ってもらって，
保護者の方に直接聞いてもらい
ます。こうして，保護者の方に
「うちの子，案外分かってるの
ね」と安心してもらえると，そ
の後の話がスムーズに進みやす
くなります。

●面談を進めるときのパターン

私が実際に面談を進めるとき
のパターンを紹介します。

まず，一通りの挨拶をしたら，
「○○さん，□年生になって
／夏休み明けからの〈自分の良
かったところ〉とか〈頑張った
ところ〉〈よくできたところ〉
などを教えてくれる？」
と話を始めます。そして，生徒
が答えてくれた内容への感想や
付け足し，説明をします。

「□□を頑張ったなんてすご

いですねぇ」
「他の子も，○○さん，エラ
イなぁって言っていますよ」
「☆☆もよくできたよね」
などなど。保護者の方もいっ
しょに褒めてくれると和やかな
雰囲気になります。

次に，
「今度は逆に，〈もうひと息
だったなぁ〉とか〈まだまだだ
なぁ〉というところとか，〈失
敗しちゃったなぁ，反省〉とい
うところ，〈これから頑張るゾ〉
というところなどを教えてくれ
る？」
と訊きます。そして，また先ほ
どと同じように，生徒が答えて
くれた内容への感想や付け足
し，説明をします。

でも，こうやって反省点を訊
くときは，〈良かったところ〉
を訊くときよりも気を遣いま
す。「そう，できなかったん
だぁ（失敗しちゃったんだぁ）。
でも，自分で分かってるのね。

ちゃんと反省してるんだね。だったら，大丈夫。あとはやるだけ（もうやらないだけ）だもんね」……
と，生徒を追い詰めないように，できるだけ私の方で話を進めたり，同意を求めるような訊き方をするといいみたいです。

　素直に頷く子どもの姿が見られると保護者の方も安心されるようで，
　「そうよ，頑張りなさいよ」
　「やればできるんだから」
　「応援するよ」
などと言ってくれます。そういう時にはすかさず，
　「いいお母さん（お父さん）だねぇ。はい，〈ありがとう〉とか〈よろしくお願いします〉を言って」
と生徒に催促。時に照れながら頭を下げる我が子に，涙する方もいます。

＊

　こんなふうに面談が進むと，三者とも笑顔で元気になれます。いっぱい話さなくてすむし，オススメです。

ご安心ください！

♥「親への手紙」でたのしい保護者会♥

小原茂巳　東京・明星大学

＊この記事は著者が中学校教師をしていた1994年に書かれたものです。

●保護者会をたのしくしたい

保護者会が近づいてきました。できたら，「たのしい保護者会」にしたいですね。

「お母さんがたは，わざわざ仕事をお休みにして学校に来てくれるんだものなー。さぁー，どんな保護者会にしようかな。何をすると喜んでもらえるかなー？」

学級担任は，お母さん・お父さんたちの喜ぶ顔を想像して頭を悩ませます。保護者会といっても，来てくださるのはお母さんが多いです。では，そのお母さんたちが保護者会に求めることってどんなことでしょう。そのいくつかをあげてみます。

①「うちの子，学校ではどうしているのかしら？」（自分の子の学校での様子を知りたい。できたらイイ情報を知りたい）

②「今度の担任の先生ってどんな先生なのかしら？」（どんな考え方をしているんだろう？）

③「クラスのお母さん方ってどういう人たちなのかしら？　うまく交流できるといいな」（できたら仲良くなれるといいな）

④「子育てってムズカシイ！　うちの子，一体何を考えているのかしら……心配だわ」（そんな心配事を少しは解決できるといいな）

⑤「この年齢の子どもたちってどんなことを考えているのかしら？」（同世代の子どもたちの気持ちを知りたい）

……などなど。こういう心配や期待は，お母さんだけでなく，保護者の皆さんには共通なものでしょう。その期待・願いに少しは応えられるといいな，と思います。

　そこで，今回は，この中の２つ，④「うちの子，何を考えているのかしら？」と，⑤「同世代の子って，どんなことを考えているのかしら？」という疑問に答えられそうな保護者会メニュー（それもできたらニコニコたのしくやれそうなもの）を考えてみました。

●保護者の不安を解決するアイデア

　お母さん・お父さんたちは，しばしば我が子が変化（成長）する様子を目の前にして，驚いたり，ため息をついたり，戸惑ったりするものです。

「この頃，口ごたえばっかりしてどうなってしまったのかしら？」

「あの子ったら，どうも隠し事があるみたい。心配だわ……」

「うちの子は，この頃，無口で何にも話してこない。不安だわ……」

こんなお母さん方の心配・不安をちょっぴりでも解消するお手伝いができるといいな。

そこで僕が思いついたのは，「当の子どもたちに，〈お父さん，お母さん，ご安心ください〉という手紙を書いてもらっちゃえ！」というものです。

その手紙を，保護者会の席で紹介すれば，きっとお母さん・お父さん方はクスクスッ……と笑いながらも，〈見えない子どもたちの心〉がちょっぴり見えて，少しは心配から解放されるに違いないと予想したのです。

ところで，当の子どもたちがそんな題の手紙などを書いてくれるでしょうか。きっと，こんな作文をただただ真面目くさく書かせたのでは，「こんなの嫌だよ〜！」「私，こんなの書けな〜い！」とボヤく子が現れるに違いないのです。

そうっ，少しは遊び心が入らないとね。

そこで，僕は，子どもたちにごくきらくに作文してもらうために，ある〈束縛言葉〉を与えることにしました。

手紙文の出だしと途中と最後に，ある〈決まった言葉〉を入

れるように指示したのです。

　僕は，黒板に次のような手紙の形式を板書しました。

お母さん（あるいはお父さん）へ

このごろ，僕・私のことを見ていると，

いろいろ心配でしょうね。

たとえば，…………（ホニャララ）…………

……………………………………………………

でも，…………（ホニャララ）………………

……………………………………………………

だから，そんなに心配しなくてもいいですよ。

安心してくださいね。

いつも心配してくれてありがとう。

名前 _____ （ペンネーム _____ ）

　僕は，黒板を指さしながら，次のように話しました。

　「この頃，家の人によく言われることや叱られていることなんかを〈ホニャララ……〉の所に書くといいよ。たとえば，〈お前はさっぱり勉強しない〉〈ゲームばかりして！〉とか，〈口のきき方が悪くなった〉なんてキツイことを言われている人は，それを書くといいですね」

「あるいは，自分が家の人に心配されていそうなことを想像して書くってのもいいね。きらくに書いてみてください。いろいろ想像をめぐらせて面白おかしく書いてみてもいいですよー」

なお，自分の名前が公表されるのを嫌がる生徒のために，「ペンネーム」の欄を設けました。そこには，「匿名希望」と書いてもいいし，勝手にペンネームを作って書き込んでもいいのです。

さらに，指定された〈束縛言葉〉は「そっくりそのまま使わなくてもいいよ」ということも言っておきました。最後の言葉の「いつも心配してくれてありがとう」などは，正直，そんな気持ちになれないんだったら無理して書く必要はないのです。

「でも，もしそんな気持ちがちょっぴりでもあるのなら書いておいてね。お家の人にとってはその一言がすごくうれしいことなんだよ」と言っておきました。

●子どもたちの手紙を読むと……？

そして，保護者会の日がやってきました。僕は中学1年生たちが書いてくれた手紙の束を持って，ソワソワと学級保護者会の教室に向かいました。相手の笑顔が想像できるものの準備ができていると，人間，すごく気がラクになるし，うれしくてソワソワもしてきます。この日も，僕は笑顔でお母さんたちの前

に立つことができました。ニコニコしながら子どもたちの手紙を読んでいくのですが，読む前から僕の頬はゆるんじゃってます。

☆お母さん・お父さんへ。このごろ，僕のことを見ていると，心配でしょうね。たとえば，口が悪くなった。勉強をしない。でも，だいじょうぶ。父親のまねをしているだけで，勉強は少しやっているから，だから心配しなくていいですよ。

（斉藤浩一／カレンダーの中の宇宙人）

　お母さんたち，ブフッブフッと吹き出していました。

☆お母さんへ。このごろ，私のことを見ていると，いろいろ心配でしょうね！　たとえば，言葉使いが悪いとか，目つきが悪いとか，頭が悪くなったとか，心配だと思っていると思うけど……，でも，お母さんとかに文句言ったあとは，すんごーくこうかいしてるんだよ！

　　自分ではわかってるんだけど，なかなかなおせなくて……。私は，ぜったいワルにはならないから，とりあえず安心してね！

　　これからも迷わくかけると思うけど，よろしくお願いします！

（小林奈美）

　お母さんたち，笑いながらも，感心したり，ニコニコうれし

がったりしています。

☆お母さんへ。このごろ，私のことを見ていると，いろいろ心配で
しょうね！ たとえば，自分のことをあまり話したがらないとか，
いっつも自分ひとりで問題を解決しようとしてて，ひとりで怒っ
ちゃっていることなど。

　でも，自分のことをあまり話さなくても，ちゃんと自分で決め
てから話すから，とりあえず心配しなくていいですよ。私は，自
分でちゃんと私のことを考えられるようになりたいのです。

　そんな今の私のこと，心配でしょうがないでしょうけれど，で
も，だいじょうぶ。とにかく，私のことは安心していいですよ。

　お母さん，いつも心配してくれてありがとう。

（鹿野ななみ／ピッチのファンクラブ）

　お母さんたち，ゲラゲラ笑ったり，「ウンウン，なるほど！」
と感心したり……中にはちょっぴり涙ぐんでるお母さんもいた
りで，教室はホンワカムードでいっぱいになりました。

　なお，学級保護者会で紹介したのは子どもたちの手紙の一部
（3分の1程度）だけでした。名前も読み上げたのはペンネーム
だけです。保護者会の後，照れくさそうに「私の子の手紙，見
せてもらえませんか？」と何人ものお母さん方が僕の所にきま
した。みなさん，我が子の手紙の内容にとても関心があったよ
うなのです。

そして，お母さん方はみんな，なんかほっとしたようなうれしそうな顔をして帰っていきました。

いかがですか，もしよろしかったら，みなさんも試してみませんか。なお，この他にも「保護者会をよりたのしくする定番メニュー」がいくつかあります。僕の本『たのしい教師入門――僕と子どもたちのスバラシサ発見』（仮説社）を読んでみてください。

● 〈子どもの心〉が見えてくる

このやり方を発表したところ，さっそく中 一夫さん（東京・中学校）が追試してくれました。自分のクラスだけでなく同学年（中二）の先生方にも紹介して，複数のクラスでもって追試してくれたのです。

その際，「他の先生方もやりやすいように」という配慮で，中さんはコピーしてそのまま使える「手紙用紙」（見本付き）を作ってくれました。この記事の最後（184 ペ）に添付しましたので，参考にしてみてください。

以下に，中さんのクラスの「子どもたちの手紙」を紹介させてください。ほのぼのしていていいですよ。

☆お母さんへ。このごろ，私のことを見ていると，いろいろ心配でしょうね。たとえば，めいれいしたり，ねてばっかり，反抗したり……などなど。

でも，心では悪いと思っている。きっと今はそういう年ごろなんだよ！　がまんが大事！

だから，心配しないで大丈夫。安心して！　いつも心配してくれてありがとう。　　　　　　　　　　　　　　　　　　　　　　（NOW）

☆お父さんへ。このごろ，自分のことを見ていると，いろいろ心配でしょうね。たとえば，忘れ物が多かったり，ゲームばっかして点数が悪かったり，その点数が悪いテストをかくしていたり（お母さんには言わないで！）

でも，世の中，頭だけじゃないよね！　お父さんみたいな優しい人になれるよう頑張ります。　　　　　　　　　　　　　（隣のトトロ）

☆お母さんへ。このごろ，僕のことを見ていると，いろいろ心配でしょうね。たとえば，「勉強してない」とかいっつも言ってる。

でも，自分ではちゃんと計画があるし，別に無計画なわけじゃない。調子の波が来れば，勉強できるから。テスト前とかそうじゃん。まっ，その波を作るのが今の課題ってところ。今は上にくる波をつくるのが下手なだけで，別にダラダラしてる訳じゃないんで。

これはなんとかする。自分でも分かっているから。だから，口出ししないで，モチベーションが下がるから。

だから，心配しなくていいよ。安心して。いつも心配してくれてありがとう。　　　　　　　　　　　　　　　　　　　（匿名希望）

なお，中さんは，この実践について次のようにコメントして
くれています。

　（子どもたちの作品の）どれも，思わず笑ってしまうもので
あると同時に，思わぬ本音が出ていてビックリします。予想
したよりずっと正直に自分のことを書いているという印象が
あります。そういう雰囲気が伝わるのでしょう，保護者会の
ムードがとってもなごやかになりました。ある担任は，お母
さんたちに子どもの手紙を渡したそうです。僕はそこまでし
ませんでしたが，中には涙ぐんでいたお母さんもいたとか。
　〈見えにくい子どもの心〉が自然に見えてくる小原さんの
アイデア，おすすめです！

　うれしいですね。みなさんも，もしよかったらどうぞ！

お母さん（お父さん）ご安心ください

お母さん（お父さん）へ

このごろ，僕（私）のことを見ていると，いろいろ心配でしょうね。

たとえば……　（ここに，ふだん注意されているようなことを書く）

　　例：言葉遣いがわるい，勉強しない，テレビばかり見ている，ゲームのしすぎ，
携帯使いすぎ……などなど。

でも……　（ここに自分が考えていることを書く）

　　例：自分でもなんとかしたいと思っている，ただ甘えているだけ……などなど。

だから，心配しなくてもいいよ，安心して。

いつも心配してくれてありがとう。

　　＊上の例にならって，自分のことを親に説明する手紙を書いてみてください。

名前（　　　　　　　　　）〔ペンネーム　　　　　　　　　〕

保護者懇談会で
黒ひげ危機一発！

●ちょっぴりドキドキの懇談会

* 〈黒ひげ危機一発〉はタカ
ラトミーの登録商標です。

今谷清行 福岡・小学校

■欲しくなった〈黒ひげ危機一発〉

　〈黒ひげ危機一発〉というおもちゃをご存知ですか？　タカラト
ミーから発売されているおもちゃで，1975年からあるというロ
ングセラー商品です。このおもちゃはウィスキーの樽のような形
をしていて，樽の側面にはたくさんの細長い穴があいています。
その穴に順々に短剣を差し込んでいき，1カ所だけあるアタリの
穴に短剣を差し込むと，樽の上部にセットされた海賊の人形が飛
び出す，という仕組みになっています。この海賊を飛び出させた
プレーヤーが，「負け」（「勝ち」にすることもあり）です。

　実を言うと，ボクはこの〈黒ひげ危機一発〉が，ちょっと前か
ら欲しかったのです。というのは，テレビのお笑い番組でこのお
もちゃを使って，楽しそうに罰ゲームやトークを展開させている
様子を見たからです。それでボクは，「〈黒ひげ危機一発〉があっ

たら，何かのイベントの時に使えそうだな。教室でも活用できるかもしれないぞ」と思っていたのでした。

　そうしたら，ほどなくして，〈黒ひげ危機一発〉を購入することができました。年末の安売りの時，近所のミスターマックスというディスカウントストアで1000円で買うことができたのです。

■まずは家庭で，つぎに職員旅行で

　〈黒ひげ危機一発〉は手に入ったものの，これがウケルのかどうか，少し自信がありませんでした。「古くさいし，単純だから，すぐに飽きられるかも」と思ったのです。

　さて，こんな時は，家族に試してみるのが一番です。年末でしたから，家族全員そろっています。そこで，さっそく試してみました。

　ルールは，オーソドックスに「負けたら（海賊が飛び出たら），罰ゲーム」。罰ゲームは，「小島よしおの〈そんなの関係ねー〉というギャグをする」こと。古くさいゲームなので，古くさいギャグを恥ずかしそうにやってもらおうというのです。

　やってみると，これが大ウケ！　３人の子どもたち（小５・小６・中３）は，このゲームを新鮮に楽しんでいました。ボクや妻も，「恥ずかしいギャグを，子どもの前でやりたくない」と，ドキドキしながら樽に剣を刺しました。

　「これは使える！」と自信を持ったボクは，今度は学校の教職員に試してみることにしました。新年１月の中旬に，たまたま職員旅行があって，ボクはその〈お世話係〉（幹事）になっていたのです。

ボクは旅行カバンに〈黒ひげ危機一発〉をしのばせ，旅の目的地，湯布院（九州で有名な温泉の町）に向かいました。そして，その夜，旅館のおいしい夕食のあと，幹事の部屋で2次会をすることにしました。

　「はたして，学校の先生相手にも，この〈黒ひげ危機一発〉はウケルのだろうか⁉」と，若干の心配をしながらも，ほろ酔いかげんのいい気分に乗っかって，ボクは〈黒ひげ危機一発〉を出しました。さあ，ゲームの開始です。

　「お酒を飲みながらのおしゃべり（トーク）がはずむように」と，ボクはルールを次のようにしました。

・まず，トークのお題を一つ決める（幹事がお題を提示する）。
　　例：「今日一日で，一番楽しかったことは？」
・〈黒ひげ危機一発〉を開始して，負けた人（海賊が飛び出た人）が，必ずそのお題に答える（トークをする）。
・負けた人はトークのあと，〈次のお題〉を提示する。
・〈黒ひげ危機一発〉を再開。あとは，そのくり返し。

　さあ，どうだったでしょう。盛り上がったのでしょうか？

　実は，これがバカウケ！ みなさん，飲み会にふさわしい，ちょっとフマジメなお題を出してくれました。「あなたのチャームポイントは？」とか，「職員室の中で，一番好きな異性の先生は？」とか，「過去の恋愛で，一番心に残っていることは？」などなど。

　人のトークを聞くのは楽しいのだけれど，自分がしゃべるとなると恥ずかしいものです。ですから，剣を刺すのはドキドキします。また，なかなかアタリが出なくて，何度も自分に回ってくる

のもドキドキ。逆に，スタートしてすぐに海賊が飛び跳ねるのも，ドキッとします。もちろん，答えにくいお題に答える職員の様子も楽しいし，話題が広がっていく楽しさもありました。

　いったんお開きになったあとも，この「黒ひげ危機一発トーク」は若手だけで深夜まで続いたのでした。

■保護者懇談会でも〈黒ひげ〉

　1月下旬。参観日がありました。いつもそうなのですが，参観授業の準備に追われて，保護者懇談会の準備にはなかなか行きつきません。

　でも，今回はひらめきました。「集まってくれたお母さんたちと〈黒ひげ危機一発トーク〉をしよう！」と思いついたのです。

　普通なら，あんなおもちゃを懇談会の席に持ち込もうなんて思わないでしょう。でも，ボクは「〈黒ひげ危機一発〉は大人にもウケル。トークに使える」と自信がついていましたので，やることにしたのです。

　懇談会が始まりました。事務的な連絡を済ませたあと，ボクはおもむろに〈黒ひげ危機一発〉を取り出しました。お母さん方は，「何をやるのだろう ???」と不思議な表情。「今日はこの〈黒ひげ危機一発〉を使って，親睦を深めたいと思います」と言って，「黒ひげ危機一発トーク」を始めました。以下のように進めました。

・机は車座に配置します。

・はじめのお題はボクが出しました。

　「お正月は，家族でどのように過ごされましたか？」

・〈黒ひげ危機一発〉と短剣を浅い箱に入れて，箱ごと隣の人に

回すようにしました。順々に剣を刺していき，アタリのお母さんがお題に答えます。

・そのお話に，ボクは簡単にコメントを述べたり，話題が広がるように少々司会業に努めたりしました。例えば，三社参りの話題が出たら，「他に三社をちゃんと参られた方は？」と周りのお母さん方に話題をふったりしたのです。

・お題に答えたお母さんには，〈次のお題〉を言ってもらいました。みなさん，懇談会という場にふさわしいお題を選んでくださいました。例えば，「お年玉を子どもはいくらぐらいもらっていましたか？ どのくらい管理していますか？」とか，「長い休みの時のお手伝いは，どんなことをどの程度子どもにさせていますか？」といった時事的な話題から，「言うことを聞かない子の躾け方を教えてください」とか「どのくらい，自分の考えを押しつけてもいいものか悩んでいます。答えてください」なんて，親としての悩みなんかも出てきました。（ボク自身も，ゲームに参加して，当たったら〈同じ親の立場〉で思ったことを言うようにしました）

　と，このように書くと，固い雰囲気がイメージされたかもしれませんが，実際には，トークとトークの合間にドキドキの〈黒ひげ危機一発〉が回ってくるので，終始にこやかな雰囲気で進行していきました。

　トークの中身に，お母さん方は，「あー，自分の家の状況と同じだ」とうなずいたり，「へぇー，そんな考え方もあるのか」と感心したりしていました。

■懇談会の感想は？

　予想通り，〈黒ひげ危機一発〉を使うと，保護者懇談会も盛り上がりました。盛り上がりすぎて時間がなくなり，感想を書いてもらうことができなかったので，後日，たまたま会ったクラスのお母さんに廊下で感想を聞いてみました。「たいていの懇談会は，ある種，強制的に順番に話さなければならないけれど，この前のは，アタリが出た人以外は自分から気軽に話せたのがよかった。自分が当たった時も，〈まあ，しかたないか〉と思って話せた」と言ってくれました。

　また，もう一人のお母さんには，「感想を書いていただけないか」とお願いしたところ，快く引き受けてくださいました（このお母さんは，懇談会の時，「こんなにドキドキするのは久しぶり」ととっても楽しんでくれたお母さんでした）。

　最後にその感想文を紹介します。

　〈黒ひげ危機一発〉を使っての懇談会は，自分の番が回ってきた時のドキドキ感や，アタリが出た時の大歓声など，久しぶりに童心に返り，楽しい時間を過ごすことができました。「懇談会」と聞くと，どうしても構えてしまいますが，ゲーム形式にしてもらうと，普段あまり話をしたことのないお母さんたちとも，そして先生とも気軽に話せ，情報交換もでき，明るい気持ちで帰れるのでいいですね。参加して良かったです。

　どうですか？　あなたも，〈黒ひげ危機一発〉を購入して，イベントや懇談会で活用してみませんか。「盛り上がることマチガイナシ」ですよ。

〈ハートでハートおりぞめ〉
をやってみました

青木圭吾 　奈良・小学校

＊文中の登場人物の名前は一部仮名です。

♥最後の授業参観

　4年生を担任しています。2月が学年最後の授業参観です。「授業は発表会形式で。懇談会は学年全体で親子参加行事になることが多い」と聞いたのは，1月の頭のことでした。何せ元気な子たちが多い学年なので，〈親子参加行事はドッジボールをしよう〉ということになっていました。

　そんな中，おとなりの組が流行りの風邪で学級閉鎖になり，授業参観が延期になってしまいました。もちろん，「学年でドッジボールをする」という話も無しになりました。懇談会，どうしよう。

　ボクのクラスには支援学級の子が2名入っているので，支援学級のクボ先生と相談することにしました。すると，

　「ものづくりもいいかもしれない。青木センセイは分子模型

を作ったりもしてたから，こんなん作ってるんや！って保護者の方も驚いてくれると思う。フラワービーズでクリスマスリース作ったり，おりぞめでクリスマスツリー（だんだんツリー*）を作ったりしたのもおもしろかったし」

──とのこと。

＊山口明日香「だんだんツリーで心も暖々」（『たのしい授業プラン図工・美術2』仮説社）参照。

ものづくりでもいい，となると，いろいろとアイディアが浮かんできました。教室に在庫のある〈ものづくりキット〉は，巻きゴマやプラトンボ，おりぞめ，くるくる磁石……。「体育館が使えるのだったら，プラトンボにしよう」とも思ったのですが，「おりぞめもいいな」と思い直しました。時期的に「ハートの絞りおりぞめ」（右写真）はぴったりなんじゃないかと考えたのです（山本俊樹「ハートに染める」『ものづくりハンドブック9』仮説社，参照）。

〈絞りおりぞめ〉というのは，〈和紙を折りたたんで，輪ゴムなどで締め付けて染める〉というもので，輪ゴムで締めたところが白く残るのが特徴です。この「ハートの絞りおりぞめ」は，たたみ方や輪ゴムの締め方を工夫し，意図的に「ハート型」に染めるのです。

ボクのクラスの子たちは，4月に「おりぞめ発表会」をし，

12月に「おりぞめのツリー（だんだんツリー）」を作りました。ただ、1からしっかり紙を折って染めることはやっていません。「ハートの絞りおりぞめ」は、紙を折って絞る作業が複雑で難しいのですが、保護者をまきこめばできるかもしれない。でも、やるなら準備をすぐに始めないと……。

悩んだ末、"おりぞめ染伝人"である山本俊樹さんに相談することにしました。

♥ 〈ハートでハートおりぞめ〉

俊樹さんからの返信はこのようなものでした。

わたしの意見ということで一つの選択肢としてお受け取りください。

「ハートの絞りおりぞめ」は難しいと思います。

ハートの形にするのを学ぶのは、けっこう時間がかかったりして、落ちこぼれる人の方が多いと予想します。すでに絞ってあるのを染めるだけなら簡単ですが。

しかし、〈絞り〉を体験してもらうのは面白いかもしれません。それで、〈ハートでハートおりぞめ〉の紙を絞って染めてもらうというのはどうでしょうか。

具体的な提案をします。

12.5センチ角の紙をハート型（L型）に切り出し、それを適当に折り畳んで絞るのです。このとき、プラチェーンと輪ゴムは1本でいいです。1本で締めて2つに分かれた部分を、2色に染め

わけるか，1色にドボンかです。

　それで，色は赤の濃淡3つとピンク1色の合計4色から選んでもらうというのはどうでしょうか。4年生の子どもたちには受けないかもしれませんが，お母さんたちには喜んでもらえそうな気がします。

　それともう一つ，わたしの体験では，見本はゆっくりと4回見せるのがいいと思います。「並行にたたむ」「放射にたたむ」「適当にたたむ」「くしゃくしゃに折って棒状にする」。それぞれを1回ずつ子ども達の前で折って絞って染めて見せる。染めるのも，1色と2色をおりまぜて。

　わたしがいつも提案している「3回染めてみよう」と同じで，何度か見ることでイメージができてくる人が確実に増えます。イメージのできている人が増えると確実にスムーズにいきます。初めにしっかりと見本を見せておく方が，1回の説明でしてもらうよりスムーズにいきます。時間が少なくなるように思えますが，じつはこの方がたくさん染めてもらえます。

　もし，される場合は，実験してみてください。

とても役立つアドバイスをいただけました。〈ハートでハートおりぞめ〉というのは，大阪の西岡明信さん（特別支援）が考案された「ハート型に切った紙片をおりぞめして，それを組み合わせてより大きなハートにするものづくり」です（西岡「ハートでハート折り染め」『ものづくりハンドブック9』，参照）。

　翌日，まずはクボ先生に〈絞りおりぞめ〉を見てもらうこと

に。クボ先生は，絞りおりぞめを見るなり，すぐに「それ，輪ゴムでしばるの難しいんちがうかな？」と心配されました。輪ゴムをひっぱって，最後はプラチェーンに引っかけることを説明すると，「切れ込みがあるの？ それならできるかな」。

「輪ゴムをとるときも切れ込みからちょっと外すだけで勝手に外れます」

「なるほど。支援級の子たちもできるわ」

というわけで，今回は絞りおりぞめで，〈ハートでハートおりぞめ〉をすることに決定！ クボ先生は〈ハートの絞りおりぞめ〉にもいたく感動されていたので，こちらもこっそりと準備をすすめることにしました。

♥事前に準備したもの（子ども31人・6班分+保護者）

・染料液（4色）

「おりぞめ染料セット」の，「レッド」と「ピンク」を使います（1杯は付属スプーンすりきり1杯分です）。

　レッド……染料0.5ml（1杯）を500mlの水にとかしたもの。

　　　　　　染料1ml（2杯）を500mlの水にとかしたもの。

　　　　　　染料1.5ml（3杯）を500mlの水にとかしたもの。

　ピンク……染料1ml（2杯）を500mlの水にとかしたもの。

　染料の容器として，ボクは，200mlの牛乳パックの上の三角部分を切り取り，液を底から3分の1ほど入れました。これを

1班4コ。さらに容器のまわりに染料が垂れて
もいいように，浅めのプラケースにセットしま
した（1班にプラケース1つ）。

↑下部を染料液
の容器にする

・〈ハートでハート〉 染め紙（1人4枚，親の分
も含めて160枚）

　25cm角のおりぞめ用紙を4分の1にし，さらに下図のように
ハート型に切っておく。

25cm四方の和紙を4分の1に切る

さらに4分の1を
切りとる

使わない

角を切り落とす

完成

　＊おりぞめ染料セット（5色6本）は税別3000円，おりぞめ用和紙（25cm
　　×25cm）は税別2500円。仮説社で販売。

・〈ハートでハート〉台紙

　25cm角のおりぞめ用紙の4分の1を切り取る。

・プラチェーン・輪ゴム・新聞紙（机の上に敷
く用と持ち帰り用）・ゴム手袋・ぞうきん

♥懇談会当日の様子は……

　懇談会当日。まずは，子どもたちにこう伝えました。

　「みんなは，4月に〈おりぞめ発表会*〉をして，折ってある
紙を染めました。12月には〈だんだんツリー〉を作るときに，
紙をくしゃくしゃにして染めました。でもおりぞめなのに，ま
だ紙を折ったことはありませんでしたね。今日はレベルアップ
です。折って染めましょう」

*「おりぞめ発表会」とは，「少人数クラスで，みんなの前で一人ずつ交代
　で折り染めをして，決まったセリフを言いながら作品を発表する」という
　授業です。詳しい手順は，山本俊樹・藤沢千之 編著『特別支援教育はた
　のしい授業で』（仮説社）をご覧ください。

　まずは折り方です。みんなに見えやすいように，見本は本番
より大きい紙（25cm角）でやりました。

　①屏風折りで並行にたたむ。

　②屏風折りで放射にたたむ。

　③くしゃくしゃにする。

　④好きなように適当にたたむ。

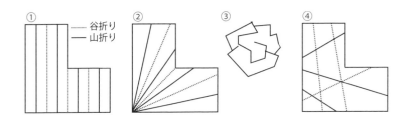

①　……谷折り　──山折り
②
③
④

　いずれもたたんだあとに「棒状」になるようにします。

　「屏風折り」の説明のときに、「Wになるように折るんだけれど、紙が小さいので、難しい人は丸める感じで折ってもいいです」と言うと、何人かの子が「ハリセンの作り方と一緒や」と言ってくれました。ハリセンがわかるならありがたいです。

　そして、絞り方。輪ゴムをプラチェーンに引っかける。プラチェーンを押さえながらゴムを引っ張り、ぐるぐると紙に巻きつけて、最後にプラチェーンに輪ゴムの端をひっかけて終わり。

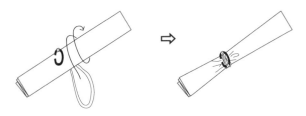

　それぞれの班の近くまで行って見せると、子どもも保護者も、なんとなくわかってくれたようです。

　あとは、好きな場所に好きな色を染め、広げるだけです。

　「染料液同士がまざらないように、１回染めたらぞうきんで

ぎゅっと水分を吸い取る」「染めたら輪ゴムをはずして，新聞紙の上にならべて乾かす」ということを確認し，各グループにお任せしました。グループによっては，授業が終わった低学年の弟妹も参加していてごった返していましたが，みんな楽しそうにやっていました。そんな中，ばっちり染料の入った牛乳パックをひっくり返す子も登場……。「プラケースを敷いていてよかった」と思いました。

　20分ほど自由に染めてもらって，いったん作業はストップ。〈ハートでハートおりぞめ〉は，最後，台紙に貼って完成させるのですが，そのためにはおりぞめをよく乾かさなければなりません。そこで，今回は「おまけ」として，〈ハートの絞りおりぞめ〉も体験してもらうことにしました。

　まずはいろいろな折り方・絞り方をした，絞りおりぞめをみてもらいました。直角・円・星，そしてハート。「今日はハートデー。これからみんなに先生が折って絞った紙を配るので，ハートに染めてみましょう」と言うと，歓声があがりました。

　〈ハートの絞りおりぞめ〉用の紙は，全員分（40個）作るのに４時間弱かかりました。確実に成功するように，型紙通りに折り畳むのは骨が折れましたが，子どもたちのよろこぶ顔を見て，「やった甲斐があったなぁ」と思いました。

　全員〈ハートの絞りおりぞめ〉を染めたところでチャイム。後片付けと最後の仕上げはボクがやることにして，子どもたち

には帰ってもらいました。

　染めてもらった紙が乾いてから，台紙に右のように糊で貼りつけました。4枚で1セット。さらにこの〈4枚のハート〉を組み合わせていくと，どんどん大きなハートが作れます。ちなみに，ボクのクラスは31人なので，16人分で1つの大きなハートを作りました（下写真，これが2つできます）。

♥たのしい参観になりました

　翌日，子どもたちに感想を書いてもらいました（28人）。評価は「⑤とてもたのしかった」が22人，「④たのしかった」が

５人，「？（評価不明）」の子が１人でした（③②①は０人）。感想の一部を紹介します。

★ぐちゃぐちゃにしてもいろんなきれいなかたちになったからびっくりしました。あと，たのしかったです。（ヒイナ⑤）
★さいしょはわからなかったけど後からやったらとても楽しかった。（ツヨシ④）
★お母さんがおったつるみたいのをやると，ゆきのけっしょうみたいのができたし，友達がつくったのもすごく面白かったからです。（ショウゴ⑤）
★自分で折って色をつけていくのが大好きで，いろんなハートをつくれてうれしかったです。お母さんとも作れたのでうれしかったです。大きなハートは，自分の部屋にかざろうと思ってました。（シオリ⑤）

　　──さらに，保護者の方にも感想をいただきました。

☆折り染めは私達も参加することが出来て楽しかったです。特に最後に作ったハートの折り染めは感動しました。苦労して準備して頂いたお陰で可愛い作品が出来ました。子供達も楽しそうで良かったと思います。有り難うございました。
☆染めの時に子供達が楽しそうにしていたのですが，もっといろいろな形や色が自分で出来たらもっと良かったと思います。妹も「もっとやりたいなー！！」と言っていました。楽しい参観ありがとうございました。

どの感想も，とってもうれしいものばかりでした！

また，クボ先生もこんな感想を書いてくださいました。

　　前日に私が"大きなハート"を絶賛してしまったので，無理に内容に入れてくれはったんかな～とちょっと反省しています（内容がもりだくさんで準備もかなり大変だったかと……）。

　　折り染めは，どんな風にやっても"失敗"というのがないのがいいです。どんな風に折っても，ぼとぼとにつけてもゴムでしばってあるので，それなりの模様ができあがるし，広げる楽しみがあります。特別支援の子はゴムでまくところと広げるところで手助けがいりましたが，自分でやった感があって予想外に個性的な模様が出来，満足そうでした。

　　初めは，どうなるかと思った親子参加の懇談会でしたが，何とかたのしく過ごすことが出来ました。〈ハートでハートおりぞめ〉はその後，教室に飾りました。６年生を送る会などの飾りつけにも使えるかもしれませんね。

＊おりぞめについて詳しくは，山本俊樹『みんなのおりぞめ』（仮説社）をご覧ください。〈ハートの絞りおりぞめ〉の型紙も載っています。また，おりぞめ発表会用の紙（25㎝×75㎝）をご希望の方は，山本俊樹さんまで（orizome@live.jp，電話＆ファックス0745-73-0771）。100枚1500円。発表会がすぐにできるように折ってある紙は16個で500円。送料は実費です。

5 大人も楽しい！
授業参観・公開授業

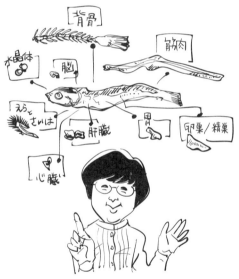

もはや鉄板！ 解剖した部位を台紙に
貼っていく「煮干しの解剖」の授業。

〈なぞのだるま暗号〉
で授業参観！

■子どもも保護者もたのしめる〈推理〉の授業

高畠　謙　神奈川・小学校

どうする？　授業参観！

　10月に授業参観がありました。ここまでの参観でやっていない教科から消去法で考えていくと，「国語か算数の授業をする」という結論が導き出されました。導き出されたのはいいのですが，「何をやろうかな？」と迷ってしまいました。「困って」はいないのは，「たのしい授業」の財産があるから「なんとかなるだろう」という予想がたつからです。

　そこで，「国語・算数ファイル（いろんなプランがストックしてある自作のファイル）」をパラパラとめくっていき，授業参観でできそうなプランを抜き取り，検討してみました。

　「算数にするか～」と気持ちが決まりかかっていた時，同僚

と授業参観の話になりました。そこで「国語か算数で迷ったけど，算数にしようと思ってんだよね〜」と話すと，「そうなんだー。前に6年生でやった暗号のやつやればいいのに」と言われました。

「暗号のやつ」とは，数年前，校内研究で「国語」の授業のときにやった杉山 亮さんの〈なぞのだるま暗号〉（杉山 亮『朝の連続小説2』仮説社，所収）でした。これをやった時は，子どもたちの〈食い入るように，むさぼるように，暗号を解く姿〉が印象的でした。

そんないい印象を思い出したので，算数はやめて国語で〈なぞのだるま暗号〉をやってみることにしました。

今回は『朝の連続小説2』の中で杉山さんが行っている5年生との授業を参考に，自分でテキトーにメモ書き程度の流れを考え，参観に臨むことにしました。

授業の流れを考える時に少し意識したのは，これが「授業参観」だということです。ボクは自分の子どもの参観に行くことがあるのですが，どうにも退屈してしまって，1時間しっかり教室にいられた試しがないのです。なので，どうにか1時間退屈しないで「参加できる授業」を心がけました。といっても，そのためにしたことはたった1つです。プリントを保護者の分も印刷することです。

😊 みんなで〈推理〉の授業！

　さて，授業参観当日です。「国語」ということで，はじめに「漢字マッキーノ」（ビンゴ形式で行う，子どもたちに大人気のドリル学習法。詳しくは『たのしくドリル・マッキーノ』仮説社，参照）をやることにしました。やはり，子どもが楽しそうに活動する姿は見せておきたいところです。そして，そのあとがメインの〈なぞのだるま暗号〉です。最初に黒板に，

推理〈なぞのだるま暗号〉　杉山 亮

と書いて授業を始めました。

　この読み物は「問題編」（以下に問題文の全文を紹介）と「推理編」の２つに分かれています。「推理編」をすべて読まなくてもほとんどの子は途中で「答え」が出てしまいます。なので，そこら辺のことを配慮した上で授業を進めていきました。

　田中さん夫婦は二人で花屋をやっています。

　店の名は「花の田中」です。

　秋のことです。

　夫のすすむさんは旅行にでかけていて，あさってまで帰ってきません。

　夜，妻のみゆきさんが一人で本を読んでいると，ファックスがきました。

　その文面を見てみゆきさんはびっくりしました。

字はまったくなくて，いろいろなものを持っただるまみたいな絵ばかり，描いてあるのです。

　なんのことだか，さっぱりわかりません。

　でも，みゆきさんはすぐに気づいて，にっこりしました。

「ははーん，うちの人に来た暗号の手紙ね」

　みゆきさんの夫のすすむさんはミステリー小説の大ファンなのです。

　近所には，やはりミステリーが好きな友だちが二人います。

　一人は幼稚園の園長さんで，もう一人は保育園の園長さんです。

　すすむさんも含めて，よく三人で暗号の手紙をやりとりして楽しんでいました。

　ですから，その二人のうちのどちらかから来たのでしょう。

「ま，私には関係ないわね」

　みゆきさんはまた本を読みはじめました。

　でも，なんだかひっかかることがあります。

　並んでいるだるまのまんなかへんに数字が書いてありますが，これが花の注文のような気がするのです。

　実際，幼稚園からも保育園からも，よく花の注文が来て，そのつど，届けに行っています。

「仕事の用件だったらこまるわ。やっぱり，この暗号を解読した方がいいわね」

　みゆきさんは本を置くと，なんとかこの暗号文を読んでみることにしました。

まず，最初に「問題編」を配って，自分で読んでもらいます。そして，「〈ここが暗号を解くカギになるんじゃないか？〉と推理したところにマーカーでラインを引いてね」と話しました。

最初は自分の力だけで考えてみることにすると，子どもたちは「シ～～～～ン」と文章を読んでいます。次に，「なみだくじ」（割り箸に番号を書き，茶筒に入れたくじ。教科書をよむ順番を決めるときなどに使う。あたった人はなみだを呑んで受け入れる。本書252ペ参照）でラインを引いたところを発表してもらい，同じところにラインを引いた人がいるか訊いて手を挙げてもらうだけです。それだけのことですが，「同じところにラインを引いた人」がいるだけで，なんかだかうれしいみたいです。

次にいよいよ「暗号」（右図参照）を配ります。大きめに印刷した「だるま暗号」のプリントを配り，「書き込んでもいいよ～。5分間は1人で考えてね～」と言って，タイマーを5分にセットします。すると，教室はシーーーンと静まり返りました。いい意味で緊張感があり，とてもいい雰囲気です。さっきまでマッキー

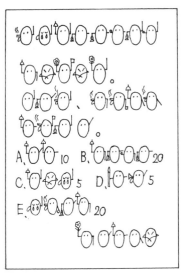

ノで賑やかだっただけに，よけいにギャップを感じます。少し
すると保護者の人たちが相談している声が聞こえたので，「5
分間は自分で考えるんだよ〜笑」と誰にともなく言うと，笑い
が起きました。

　5分後。タイマーが鳴ったので「はい！　じゃあ，班のひと
と相談してもいいよー。推理の共有をしてください」と言いま
した。すると，じっくりと1人で考えていた反動か，かなり活
発に情報交換が進みました。保護者もいたので，「自分のお子
さんのところにいって一緒に考えてもいいですよ〜」と言うと，
保護者が合流する班もけっこうありました。また，保護者同士
で「あーでもない，こーでもない」と真剣に〈推理〉している
姿も見られました。

　さらに，5分後。推理編の1ページ目を配りました。この推
理編の1ページ目を配ると，一気に視界が開ける子が出てきま
す。「自分の推理と同じか，似ているところにラインを引いて
ね〜」と言ってから読むと，「同じだー」「○○が言ってたこと
だ！」と，いい雰囲気になります。

　さらに，2ページ，3ページと同じように「配る→読みなが
らラインを引く→解く」とやっていきます。ここまでくるとも
う自分たちで謎を解きたくなります。なので，推理編を全部読
む前に時間をあげて「だるま暗号」の解読を進めさせます。解
けた子たちには「紙の裏に暗号を書いて解読ゲームをして待っ

ててね」というと，喜んでやっていました。

　だいたいの人が「解読」できたところでストップをかけて，残りのページを読みながら自分たちの推理を確認していきます。ここまでで丁度1時間の授業が終わるくらいでした。授業のはじめにマッキーノをやっていなければ，自作の「暗号解読ゲーム」が一回できたかもしれません。

　以下は，子どもの感想と保護者の感想（懇談会の感想も含む）です。

■子どもの感想は……

○今日は楽しかった。暗号を解くのがストレス発散できた。またやりたい。めったにできないことだからできてよかった。やってくれてうれしかった。

○たのしかった！　めっちゃむずかしかったけど解けたらスッキリした！　あきひさがめっちゃ考えてた！

○最初に見たときはめっちゃ難しかったです。だるま暗号が何なのかわかりませんでした。でも，だんだんやっていくとわかってきてよかったです。全部は分からなかったけど，すごく楽しかったです。またやってほしいです。

○頭がとてもスッキリしました！　みゆきさんの考え方をヒントに解読していったら，文字が分かっていくごとにどんどん楽しくなっていきました。またやってみたいと思いました☆

○おもしろかったです。暗号を妹とかに出してみたいと思います。がんばって作ってみよう。手の表現とかもおもしろかった。あれが「ヤリ」だったなんて……。

○楽しかった。推理がとても難しいことが分かった。コナンや警察はまじで尊敬します。最後らへんになったら推理編を聞かなくても解けるようになりました。ありがとうございました。

○最初は分かんなかったけど，班の人とやっていくうちにとても楽しくなっていきました。またやりたいです！ 活躍した人は清水さんと西川さんです。いろいろ案を出していてよかった。理由も教えてくれたから！

☺おうちの人の感想は？

○国語の授業でナゾ解きとは，なんて楽しいんだ！！と思いました。私も謎を解こうと考えましたが，解けませんでした。残念ながら廊下から参観していたため答えが聞こえず，息子が帰るのが待ち遠しかったです。家では「答え教えて〜！！」と会話が弾みました。

○生徒たちが授業に興味を持つようによく準備がされていると感心させられました。授業中の生徒の目が輝いていたのが印象に残っています。何より生徒の前に立っている先生がいつも笑顔で授業を楽しんでいる様にも見えました。

　私もボーイスカウトの指導者として子どもたちの前に立つ機

会があるのですが，指導する側が楽しまなければよい活動にならないんだと再認識させられました。その他にもいろいろと刺激を受け，楽しい時間を過ごさせていただきました。息子はよい教師に出会えて幸せだと思っています。

○謎解きの授業参観とても楽しかったです。他のクラスの保護者の方は廊下でお話をしている方が多かったのですが，4組は保護者も一緒に参加できたので良かったと思います。

○沢山の授業参観に参加してきましたが，この様な内容は初めてでした。普段から推理パズル等を解くのが好きだったので必死に考えました（笑）。

○いい意味でクラスのみんながリラックスしていて，まとまりのある楽しそうな雰囲気を感じました！放課後は，塾に行ったりと少し窮屈な時間を過ごしていますが，毎日学校でストレス発散（!?）できる程，充実した毎日を送れているようでほっとしました。むしろ羨ましいです。たくさんいい思い出を作ってほしいと思います ^_^ ありがとうございました。

○先日は楽しい授業参観をありがとうございました。親も参加できる形で時間もあっという間でした。子どもたちも一生懸命考えていて，男女関係なく仲良く頭をひねっていてほほえましかったです。娘は少し恥ずかしがり屋で一歩前に出られない事が多かったのですが，皆と仲良くできている様で安心しました。

○少し遅くなりましたが，先日は楽しい授業ありがとうございま

した。子ども達以上に盛り上がってしまいました。実はとなりにいたママとは今までお話したことがなかったのですが，あんなに楽しく……。ってことは子ども達はもっともっとクラスみんなと仲良く楽しくなっているんですね。それが授業なんてとてもすてきでした。

　最後の感想は「たのしい授業」の効用がダイレクトに書かれていて，これまでの自分のやり方に自信が持てるものでした。仲良く楽しくなる……。その間に置かれているのが「授業」であること。学校で一番長い時間は授業の時間です。そこをどう過ごすかは，ボクはかなり大事なことだと思っています。だから，このような感想がもらえたことが，とてもうれしいのです。

　親子の会話が弾んだり，盛り上がっているところからも，この〈なぞのだるま暗号〉は授業参観向きなのかなぁ，と思いました。子どもと同じように，いや「子ども達以上に」（感想より）夢中になって〈推理〉している保護者の方もたくさんいて，とってもいい雰囲気で授業が進みました。

　〈なぞのだるま暗号〉，おすすめです！

＊暗号の〈答え〉については，杉山 亮『朝の連続小説 2』（仮説社）をご覧ください。

213

予想をたてて楽しみました！

●授業参観で「消えたパンダ金魚」

『朝の連続小説』
杉山 亮 編著（仮説社）

吉川辰司 　東京・小学校

　お話の読み聞かせは，ここ数年続けています。『目をさませトラゴロウ』（小沢 清，理論社）や，『用寛さん本伝』（杉山 亮，フレーベル館）は定番の本になっています。今の３年生では『窓ぎわのトットちゃん』（黒柳徹子，講談社）を毎朝５分読んでいます。朝読めなかったときは，その日のうちに読むようにしています。子どもたちから催促されてしまうからです。

　さて，５月８日，杉山 亮さんの『朝の連続小説』（仮説社）に載っていたお話「消えたパンダ金魚」を授業参観で読んでみました。

　それはこんなお話です。

　校長先生は，体は真っ白で目のまわりとひれは真っ黒という珍しい金魚（パンダ金魚）を飼っていました。ある日，その金魚を売ってほしいと，ねこやまさんとうまかわさんが訪ねてきま

パンダ金魚

うまかわさん

ねこやまさん

校長

した。校長先生は断ったのですが，二人が帰った後，水槽にはニセモノの金魚が——といった推理小説風の読みものです。犯人は「解答編」で明かされます。

　私がゆっくり前半の話を読むと，子どもたちは興味深く聞いていました。水槽の鍵を開けるために必要な暗号の数字が出てくるのですが（下図参照），そこでは子どもたちによく見えるようにＢ４判の紙に書いたものを黒板に貼りました。子どもの中には「わかった，わかった」と言っている子もいました。

パンダ金魚の入っていた水槽の鍵を解くための暗号。なんと読むでしょう？

　「解答編」に進む前に，登場人物をあげてもらい，黒板にカードを貼っていきました。そして，

登場人物のそれぞれの特徴を発表してもらい，そのあと犯人を予想してもらいました。ここは仮説実験授業でやっているように選択肢を出して手を挙げてもらいました。

予想　〔＊括弧の数字は保護者〕
ア．校長先生…２人〔１人〕
イ．ねこやまさん…３人〔０人〕
ウ．うまかわさん…21人〔０人〕
エ．その他
　　——子犬…２人〔０人〕
　　——ねこやまさんとうまかわ
　　　さんがぐる…１人〔６人〕

　子どもたちの予想では，うまかわさん犯人説が29人中21人と圧倒的でした。

　このあと，予想の理由を発表してもらったり，私がヒントを出したり，お話を印刷したもの（解答編は除く）を配って改めて読みなおしたりしながら話し合いを続けていきました。「二人ともぐる」と予想した子が，「名刺

215

に電話番号を書いたものを渡したのが，かぎの番号だった」と発言してから，みんなの考えが変わるきっかけになりました。

　意見が出つくしたところで予想変更を聞きました。

予想変更（生徒のみ）
ア．校長先生…2人→0人
イ．ねこやまさん…3人→2人
ウ．うまかわさん…21人→6人
エ．その他
　　——子犬…2人→0人
　　——二人がぐる…1人→21人

　ここで実験です。つまり，「解答編」を読んでいきました。みんな興味津々で聞いていました。当たった子どもたちは大喜びしていました。暗号の解読の場面では実際にやってみせたところ，保護者の方からも「お〜」と声が出ていました。

　最後に，今日の授業の感想を子どもたちに書いてもらいました。

◇ぼくは，ニセモノのパンダ金魚をプールにいれておいた方がいいとおもいました。でも，トリックを見やぶれて楽しかったです。
　　　　　　　　　（平岡純太）

◇このすいりはぜんぜんあたりませんでした。けどすごい勉強になりました。パンダ金魚がとってもおもしろい顔でした。
　　　　　　　　　（田中彩香）

とても楽しく勉強できたという子ばかりで，本当にやってよかったと思いました。この楽しいお話を書いてくださった杉山さんにお礼を言いたいと思います。

子どもそっちのけの授業参観

●お父さん・お母さんも《タネと発芽》に夢中

中 一夫 東京・中学校

●子どもを見ていない！？

それは担任クラス（中学１年）での授業参観の時のことです。

教室には30人以上のお父さん・お母さん方がいらしていました。多すぎて教室に入りきらないほどです。そのお父さん・お母さん方が，みんな壁の方を向いてしまっているのです。前を向いて子どもたちの授業の様子を参観している親はほとんどいません。子どもたちの授業を見にきたのに，誰も授業を見てないんです。

そんな一風変わった，愉快とも言える授業風景を見て，授業をしているボクは思わず笑って

しまいました。

一体，お父さん・お母さんたちは何をやっていたのだと思いますか？ それに，何で子どもたちの授業を見てないんでしょうか？

*

今日の授業は，ミニ授業書《タネと発芽》（吉村七郎・板倉聖宣・中 一夫 著）の第０部，「ハトのえさの種類分け」でした。

「市販のハトのえさの袋には何種類くらいのタネが入っているでしょうか？」という問題をやったあと（だいたい10種類以上のタネが入っています），タネを分類して，そのタネをボンドでカー

217

ドに貼っていく作業をやってもらいます。子どもたちには班の形になって作業を進めてもらいました。

●**大人も子どもも夢中になれる**

さて，せっかくの機会なので，参観に来たお父さん・お母さん方にもタネを貼るカードをお渡しして，「後ろの棚の所にタネがあるので，よかったご一緒にどうぞ」と声をかけてみました。

子どもたちは，とてもたのしそうにカードに分類したタネを貼っていきます。あっちこっち

▲穀物標本見本シート（完成版）

から，「先生，このタネ，何のタネ？」という質問がきて，ボクは大忙し。みんな夢中で作業をしてくれています。ボクは授業参観ということを忘れそうでした。

その時，ふと後ろを見て，思わず笑ってしまったのです。

参観に来られたお母さん・お父さん方が，みんな後ろの棚の所で壁の方を向いて，夢中になって手元のカードにタネを貼りつけていたのです。誰も子どもたちを見ていません。

教室の後ろにずらっと並んだお父さん・お母さん方の背中だけが見えるという，実にめずらしい光景が広がっていたのです。

しばらくすると，教室の前の方にやってきて，自分の子どものそばで，あれこれ聞きながらタネを貼りつけるお母さんなどもでてきます。親子一緒になごやかに作業している様子も見られたりして，これもうれしかっ

たですね。

ほんとうに，「楽しい教材に大人も子どももないなー」と実感しました。

その日，ボクの授業を見に来てくれていた石塚 進さん（東京・中学校）は，その光景をこんな風に感想に書いてくれました。

「読んでくれる人？」という声に「ハイ」と数人の生徒。2回目は7～8人の生徒。授業の雰囲気になれるにつれて生徒も楽しい授業にのりだしてきました。とても楽しそうにタネの分類をやっている子どもたち。いい光景でした。

大人もたくさんみえて，子どもの授業そっちのけでタネの分類に励んでいました。大人も子どももはじめて見るいろいろなタネの発見を十分に楽しめました。

クラスの雰囲気も明るくあたたかく，親も安心して見て

いましたよ。

●お父さん・お母さんの感想

さて当日は，子どもたちだけでなく，お父さん・お母さん方にも感想を書いていただいたので，その中からいくつか紹介しますね。

▷「太郎と花子と桃子」（←ボクの出してる学級通信の題）で子どもたちの楽しいという声が載っており是非一度，授業参観したいと思っていたので，楽しみにやって参りました。

これなら子ども達が喜ぶはずと実感しています。紙面だけで勉強するのではなく，体験させていただけることはとても大事なことと思います。先生，先生という声の多さ。あっという間の1時間でした。ありがとうございました。

それにしても準備の大変さをつくづく感じております。

今後共，よろしくお願いいたします。（広瀬君のお父さん）

▷子どもたちののびのびした様子の中に，楽しんで授業をしているのがよくわかります。私もなんだか楽しい気分になりました。先生の子ども達に接する様子もこだわりなくおおらかで，とても良い感じです。　　（金沢君のお母さん）

▷親にもたのしい授業を経験させていただいてありがとうございました。今年，我が家の庭木にも鳩が巣を作っていました。細い木々をついばんで一生懸命巣作りをしていた鳩を思い出しました。エサのことまで深く考えませんでしたけれど，こんなにも沢山のものを食べていたんですね。来年から見方が変わりそうです。子どもたちがみんな集中していたのが印象的でした。

（小林君のお母さん）

見に来てくださったお父さん・お母さん方もたのしく勉強してくれたみたいで，うれしくなります。

《タネと発芽》の授業書をやったことがない人は，ぜひ一度やってみてはいかがですか？

（1994.12.13）

＊鳩のエサを使って簡単に発芽実験ができるミニ授業書《タネと発芽》（税別 1200 円）は，全国の書店，仮説社 HP で販売しています。また，この授業書に関連して，授業の記録から発展のお話，そして研究物語までまとめた私家本『もっとたのしいタネと発芽』(中 一夫，真田桃子 共著，税別 1000 円）や，50 人分の穀物標本が入った「いろいろな種セット」（税別 1500 円）などもあります。こちらは仮説社 HP にて販売中です。

『煮干しの解剖教室』でたのしい解剖

笹原寿生　北海道・中学校

●予想がいい方向で裏切られた

一昨年，菱 直幸さん（札幌・中学）に「絵本『煮干しの解剖教室』（仮説社）を図書室の先生に頼んで，20冊くらい買ってもらうといいよ。理科室の各机に1冊おいて授業できるよ」と勧められたので，さっそく図書室の先生にお願いして買ってもらいました。

さて，買ったはいいけど，当初は2年生の動物の単元にからめて，翌年，仮説実験授業の授業書《背骨のある動物たち》を実施するときにやろうかなと思ってました。ところが，この年はやたらと公開授業が多いことに気がついたのです。そして，煮干しの解剖をすることは，面倒な公開授業をいっきに楽ちんにさせる妙案とひらめき，中1でやってみることにしました。

とは言っても，正直なところ，最初はどれほど生徒が楽しんでくれるのか見当がつきませんでした。自分自身でやってみて，自分が楽しめることは確認したものの，正直，それほど大きな感動があったというわけでもありません。でも，「まあ淡々とでも嫌がらずに解剖をする生徒は多いだろうな」とは思いました。また，もし見栄えがしない授業になっても，自分自身は気楽にできるだろうという予想は立ったのです。

ところが，実際に公開授業で子どもたちとやってみると，その取り組みぶりは，予想外に熱心で驚きました。いやもう熱中という言葉がぴったりの集中力。時間内に作業が終わらず，「じゃ，ここでやめて片付けね」と言っても，なかなかやめてくれません。まさし

く「予想はいい方向に裏切られた」のです。

学校中の生徒が午前授業で帰っているのにわざわざ残って授業につきあってくれた学級の子が，授業後の廊下で「こんな授業だったら毎日でもいいよ！」と言っていたそうです。それを親切に僕に教えてくれる先生もいて，とても充実した気持ちになりました。

●煮干しの解剖に必要なもの

今回は，解剖した煮干しを『煮干しの解剖教室』著者の小林眞理子さんのホームページからダウンロードした台紙に貼って，煮干しの「標本作り」をしました。

＊「煮干しの解剖資料室」 https://www.niboshinokaibou.com/

「こういう〈標本作り〉の授業は，生徒たちは大好きなんだよな」ということは，経験的に知っていなかったというわけではありません。中1の理科の教科書に出てくる「花の解剖」もやらせてみると，実に熱心にやります。また，かつてつとめていた中学校で，札幌の豊平川沿いに岩石の巡検をしたあ

と，拾ってきた岩石を地図台紙に貼り付けるという作業をやったことがありますが，この時も生徒がとても熱心に取り組むのに驚いたことがあります。僕自身はこういう手間のかかる作業は嫌いなので，他の人と比べるとそのビックリ度合いはよけいに大きいのだと思います。

授業書《タネと発芽》では2回も標本作りが出てきますが，生徒が最初はめんどくさそうに，でも最後は楽しそうに取り組む姿を見て，多くの生徒は（僕とは違って）「標本作り」が好きなんだと言うことを納得せざるを得ませんでした。こういうわけで，標本作りの授業はオススメです。

「煮干しの解剖」は，準備も簡単でした。必要なものは以下の通り。

・煮干し……大きいカタクチイワシのもの。絵本に袋の写真が載っている製品は抜群にいいです。一人3匹。

・『煮干しの解剖教室』（仮説社）……各班1冊。授業用のパワーポイントの教材も仮説社HP

（https://www.kasetu.co.jp/）　か
らダウンロードできます。

・解剖した煮干しのパーツを貼り
　付ける台紙……これは，小林さ
　んのホームページから簡単にダ
　ウンロードできます。

・木工用ボンドかセロテープ。

・手術台と称して，Ａ４の上質紙。

・メスと称して，竹串（実際には
　ほとんど使う子はいない）。

　──あえて準備しなくてはいけ
ないモノはここまで。

　さらに，今回は参観者がいるこ
とを意識して，解剖の手順を見せ
るための手元カメラとＴＶ，そし
て虫めがね（あると，肉眼と比べ
て一気に理解が深まる）を用意し
ました。

　ついでに金子みすゞの「大漁」
という詩の掲示物を準備しました
が，これはマニアック過ぎたかな。
意味を理解してくれた生徒は，ニ
コニコ笑っていましたが。僕とし
てはうまく使えば，また違った意
味で生徒の視野を広げられるかな
とも思います。

　それから必ず事前に自分で解剖
してみることをおすすめします。

僕は夏休み中に，20匹ほど解剖
をやって手慣らししました。食べ
ながらやったので，かなりお腹
いっぱいになりました。やっぱり
せっかくの煮干しをそのままゴミ
箱に捨てるのは抵抗が大きすぎま
す。食べるとおいしいし。

●いい雰囲気の研究会

　ところで，今回，４回ほど別々
の研究会で「煮干しの解剖」の公
開授業をやったのですが，いちば
ん盛り上がったのは，市の教育委
員会が主催するいわゆる官製研究
会でした。30年くらい前のかつ
ての官製研では，こういう反応は
なかっただろうな〜。単元も学年
も無視した教材で，しかも最後に
実験材料を食す，そんな授業を受
け入れてくれる雰囲気ではなかっ
たのです。そんなわけで，実は，
先生方の反応もちょっぴり気にし
てはいました。

　しかし，実際にやってみると参
観者数が一番多かったのと，なん
と言ってもみんな理科の先生だっ
たので興味津々という感じで，と
てもいい雰囲気でした。理科室の

机をあらかじめ一つあけておいて「どうぞやってみてください」としておいたら，何人もの先生が解剖をしていました。あと，困っている生徒を見るとどうしてもだまっていられなくなり，生徒を助けてしまうのは職業病か。おかげで，この日の授業者の僕は，とてもとても楽でした。

せっかくの「研究会の午後（研究授業のない生徒はみんな午前授業で，午後はのんびり）」をつぶされた生徒たちも，授業が始まる前こそブーブー言っていましたが，大人たちの手助けもあって，満足して授業を楽しんでいました。

授業後の検討会では，どこかの校長先生が「辛口のコメントになりますが，先生の説明が長すぎたのではないですか。こう言ってはなんですが，赤い髪の毛の女の子が，最初はこの子，ちゃんと授業に参加するのかなと，失礼ながら見ていたのですが，もう夢中になってやっている。せっかく夢中になっているのに時間が足りなくなっていました。もっと時間を

とってあげて作業に集中させるべきだったと思います」と言っていました。

その他の先生からも「煮干しの解剖は知っていたけど，この絵本は知らなかった」「ぜひ，自分の学校でもやりたい」などの反応がたくさん返ってきました。昔からある「煮干しの胃の内容物の観察」の経験などを話される先生も何人かいて，いつのまにか研究会全体の雰囲気が大きく変わっていることを肌で感じました。

この教材はできる限りの機会を捉えて多くの先生方に紹介すべきです。

＊

それから2年が経ち，今年（2013年）も授業で「煮干しの解剖」をやってみました。同学年を組む先生も誘って実施。その先生いわく「これは鉄板ですね」とのこと。理科室の教材棚をみると，なんと絵本『煮干しの解剖教室』が40冊に増えて，びっしりと並んでいます。図書係でもあるその先生が，「一人一冊」ということで買い揃えたとのことです。

にこにこ♪　ドキドキ♥
授業参観

●中2のクラスで《自由電子が見えたなら》

小原茂巳　東京・中学校（当時）

●胸ドキドキ……授業参観

　授業参観，あなたはたのしめていますか？ それとも苦手？

　僕は教師を20年やっていますが，それでもいつも胸ドキドキ，ヒヤヒヤ……キンチョーします。でもそのくせ一方で，それを心待ちにしている気持ちもあるのです。

　なぜなら僕は，授業参観日には仮説実験授業をすることが多いから。仮説実験授業なら授業書があるので安心して授業が進められるというだけでなく，大人にもたのしんでもらえそうな予感がいっぱいしますからね。

*

　6月22日（木），授業参観日。僕は2年4組の教室に《自由電子が見えたなら》の授業書と実験道具を持って向かいました。

　1ヵ月ほど前に第1部を終えていたので，この日はちょうど第

2部の〔問題1〕からのスタートです。「きっと，久しぶりの仮説実験授業に子どもたちは喜んでくれるぞ」──僕は，期待でソワソワしながら廊下を歩いていきました。

　教室に入ると，おっ，お母さんたちの顔がいーっつぱいある。今度は胸がドキドキしてきました。45才になっても，僕はお客さんが多いとキンチョーしてしまいます。授業書を配る手が震えるのです。

　ところが子どもたちときたら，まったく普段どおりです。それどころか普段よりもハシャいでいる感じの生徒もいます。後ろに立っているお父さんに向かって，「こんにちは！」と声をかけたり，「あれっ，俺のお母さん，まだ来てないよ〜」などと大げさに嘆いたり。なんか教室が熱気ムンムン状態です。

●お母さんもワクワク・ドキドキ

　僕は，キンチョー状態のまま，授業に入っていきました。

　「誰か，この問題を読んでくれる人，いませんか？」──こんな僕の呼びかけに，「ハァーイ！」と手を上げてくれた生徒が，なんと5〜6人もいます。「おーっ，うれしいなー。いい子どもたちだ」……僕もちょっぴりキンチョーがとれます。

〔問題1〕　ふつうの折り紙は，紙でできているので，電気をよく通すことはありません。しかし，「折り紙」といっても，銀色や金色をした折り紙もあります。

　銀色の折り紙のなかには，自由電子がうようよしているようにも見えます。しかし，ただの紙のようにも見えます。それでは，前と同じような実験をしてみた

豆電球
1.5V 電池
ブザー

ら，銀色の折り紙は電気をよく通すと思いますか。

ア．豆電球は明るくつく。

イ．つかない。

「それでは，みんな，予想を立ててみてくださーい」

　子どもたちにこう言った後，僕はお母さんたちに向かって次の
ような言葉を投げかけました。

「もしよかったら，お母さん方にも次の〔問題2〕から参加し
てもらいたいと思いまーす。それまで心の準備をしていてくださ
いね」

　この瞬間，教室中がドッとどよめきました。急にソワソワしだ
すお母さん，舌を出しているお母さん，授業書を真剣に読み始め
るお母さん，うれしそうにニコニコ笑っているお母さん。そんな
様子を見て，僕と子どもたちはお互い顔を見合わせて，フフッと
笑い合いました。教室中にニコニコ顔がいっぱい広がりました。
こうなると，僕はずいぶんホンワカ気分になってきましたよ。

「それでは，予想を聞きまーす！　まずアの人からね。では，ア
の予想の人，どうぞ！」

「ハーイ！」「ハァ～イ」……31人中，28人の生徒が手を上げ
ています。

　オヤッ？　なんと，子どもたちと一緒に手を高く上げてるお母
さんたちが5人もいるじゃないですか！　うれしいなー，お母さ
んたちも，さっそく意欲的に授業参加してきてくれたんだー。僕
の気分はますますホットに上昇してきました。予想イは，子ども
たちが5人，大人が0人でした。

次は子どもたちによる理由発表と討論です。

予想	子ども	大人
ア	28人	5人
イ	3人	0人

米山君（イ）　だって，銀紙は紙なんだもの，つくはずないよー。

松井君（ア）　銀紙はピカピカ光ってるでしょう。ということは，これは金属なんだから，電気をよく通すはずでーす。（パチパチ）

米山君（イ）　先生，その銀色折り紙を，ちょっとペンペンッと手でたたいてください。（笑）

ボク　ペンッ，ペンッ。（……と言いながら折り紙をたたく，笑）

米山君（イ）　う～ん，なんかその音，つきそう！（笑）

渡邉君（ア）　金ピカ・銀ピカに光っているってことは，そこに自由電子がいっぱい見えているってことなんだから，これは豆電球がつくに決まってるんです！（「オーッ！」パチパチ……）

――う～ん，さすが，すでに《自由電子が見えたなら》の第1部を勉強してきた子どもたちです。「自由電子」を持ち出して説明してくるんだものね。

米山君（イ→ア）　ハーイ！　ボク，イからアに予想変更しまーす。

ボク　どうして変更する気になったの？　よかったら教えて。

米山君（ア）　ハーイ！　さっきのペンペンッて音で何かつきそうな気がしたのです。（笑）

こんな子どもたちの討論に，お母さんたちは「う～ん，なるほど」と感心したり，ゲラゲラ笑いころげたりしています。なんかすごくたのしんでくれてるようです。

予想	子ども		大人
ア	29人	①	5人
イ	2人	↲	0人

228

そして，いよいよ実験です！ 結果は，「ア．豆電球はつく」を示しましたよ。

「ヤッター！」(パチパチ)

「エッ，ついちゃったのー ?!」(アッハッハ……)

教室中がしばし騒然となりました。予想が当たったお母さんたちまで，思わずパチパチと手をたたいて喜んでいます。

こういう光景って，見ていてすごーく気持ちいいんだよなー。

●校長先生，現る

次は〔問題2〕です。僕は子どもたちに次の授業書を配りました。ところで，お母さんたちには，元気で明るい生徒2人に頼んで授業書を配ってもらいました。「こんにちは。はいっ，どうぞ」……こんなふうに子どもたちに配ってもらうと，教室がさらになごむのです。

ちょうどこの時です。学校の各教室を順に見回っていた校長先生と教頭先生が，2年4組の教室に入ってきました。それに気がついた数人の生徒たちが，「あっ，校長先生だ！」「やったー，校長先生の予想も聞けるぞ！」などとニコニコ顔でささやきあっています。

〔問題2〕 銀色の折り紙は，電気をとてもよく通します。じつは，銀色の折り紙の表面には，アルミ箔がはってあるのです。そこで，自由電子がうごめいているので，銀色の折り紙は電気をとてもよく通すのです。

それなら，金色の折り紙はどうでしょう。Aさんは，「金色の折り紙には，金がはってあるのだろう。だから，電気をとてもよく通すと思う」といいました。すると，Bさんは，「金は高いから，折

り紙にはるなんていうことはないだろう。だから，電気をよく通す
ことはないと思う」といいました。すると，Ｃさんは，「アルミ箔
の上にラッカーか何かがぬってあるのじゃないか。だから，上の塗
料をはがすと電気がよく伝わるのではないか」といいました。

ア．豆電球は明るくつく。（Ａさん）
イ．豆電球はつかない。（Ｂさん）
ウ．上をサンドペーパーか何かでこすると，豆電球はつく。（Ｃさん）

　僕は，金色の折り紙をみんなに示しながら実験の説明をしまし
た。そして，「それでは予想してみてくださーい」と大きい声で
言いました。

　教室の真後ろに立っていた校長先生と教頭先生の二人は，まわ
りの空気から，「あれっ，この教室ではどうやら大人も予想を立
てているみたいだぞ」と察したようです。突然，二人は真剣な顔
つきになって，ヒソヒソと相談しはじめました。

　「おっ，これはおもしろくなりそうだ」——僕は，胸の内でニコッ
としました。でもその一方で，「校長先生がみんなの前で予想を
はずしたらどうしよう？　申し訳ないような気がするなー」など
と心配にもなってきました。

　「もしよかったら，大人の方も予想してみてください。できたら，
子どもたちの前でわざと間違ってやってくださいよ（笑）。それ
を見れば，子どもたちも安心して間違えられますから…（笑）」

　じつはこれは，僕の授業参観の定番のセリフです。ドキドキ
しながらも思い切って予想してくれるお母さんたち——その中に
は，子どもたちの前で予想をはずして，ちょっぴり傷ついたり，
気にしちゃうお母さんがいるかもしれません。このセリフは，そ

んなお母さんたちへの僕なりの配慮のつもりなのです。

　ところで，これを読むアナタもここでどうぞ予想してみてください。

●思わず参加した校長先生は，なんと少数派！

　さて，子どもたちと大人たちの予想分布は，それぞれどうなったでしょう？

　校長先生と教頭先生は，二人そろってウに手を上げました。

「おーっ，大人はみんなバラバラだ！」

「校長先生はウだぞー！　すげぇー！」

「ウって，たった２人ずつだよ。すげぇーなー，校長先生って！」

　こんな子どもたちの声に，教室中がドッと湧きました。校長先生は，そんな反応に目を丸くしています。

　次の瞬間です。米山君が，高〜く手を上げてきました。

米山君　はーい，僕，アからウに変更します。僕は校長先生を信じます！

「オーッ！」という歓声と笑い……。

松井君　ボクも，アからウに変更します。僕は校長先生を信じます！

「オーッ！　オーッ！」。教室中，大爆笑です。校長先生は，さらにさらに目を丸くしました。

＊

　次に，数人の子どもたちによる討論が続きました。

　僕は，子どもたちの意見発表が途絶えた頃を見計らって，「大人の方で，もしどなたか意見がありましたらどうぞ」と話しかけ

てみました。

「シィ〜〜〜〜〜ン」。大人の反応は，まったくありません。

すると，なんと子どもたちの中からこんなリクエストの声が上がったのです。

「僕たち，校長先生の考えを聞きたいでーす！」

目が飛び出しそうに驚いている様子の校長先生。

教室中の全ての視線が，教室の真後ろに立っている校長先生一点に集中してしまいました。

なんだか僕までドキドキしてきました。さぁー，校長先生はどう反応するのかな？

校長先生は，ニコッと子どもたちにほほえんでから，「私，意見を言ってみようかしら」と，高く右手を上げてくれました。「おぉー！」。教室のあちらこちらからパチパチという拍手がおこりました。校長先生は，身ぶり手ぶりをまじえて，次のように意見発表をしてくれました。

校長先生　こういう問題は，普通なら「つくかつかないか」だと思うんですよね。そう考えると，Aさんの考えの「つく」がいいような気がするのね。でも，金そのものは高価だから，折り紙には使われてないような気がするのです。そうすると，ウかなーと思えるのです。それに，この問題の文章表現からして何か，「ウがくさいなー」（笑）と思えるんですよね。

——校長先生の発表が終わった瞬間，教室のみんなからすごい大きな拍手がわきおこりました。「すごーい，さすが校長先生！」「すごくうなずけるぅ！」という声まで飛び出しました。村野久子校長先生は，そんな子どもたちにいっぱい笑顔を返していましたよ。

232

う〜ん，子どもたち思いのイイ校長先生だ。

　次に，なんともう一つ，子どもたちからのリクエストが飛んできてしまいました。

　「僕たち，教頭先生の考えも聞いてみたいでーす」

　またまた，教室中に笑いが起こりました。ニコニコ……。僕は，遠慮しつつ教頭先生にたずねました。

ボク　教頭先生，どうしましょう？ 特にありませんか？（笑）

教頭先生　いや，ありますよ。（おぉー！）あれはね，金じゃなくて，
　　ピカピカ光るものの上に何かが塗ってあると思うんです。だから，これはきっとウですよ。

　「オォーッ！」（パチパチパチ）

　アリガタイナー，教頭先生まで意見を言ってくれて，授業を盛り上げてくれましたよ。

　次の瞬間です。「ハァーイ！」と大きい声で，ある男の子が元気に「予想変更」を申し出てきました。

　「はーい。ボク，アからウに変更します。今の校長先生と教頭先生の考えを聞いて，そう思ったのです！」

　「オォーッ！」。またまた教室がどよめきました。校長先生と教頭先生は，もちろんニコニコ顔です。

　次に，僕は子どもたちによる意見発表と予想変更がないことを確かめ，実験の準備にとりかかりました。「それじゃー，そろそろ実験しましょうか？ いいですか？」

　その時です。なんと校長先生が，自ら

予想		
	子ども	大人
ア	26人 ┐	5人
イ	0人 ↓	3人
ウ	5人 ③	2人

233

「ハァーイ！」と手を上げてきたのです。

　「おおっ〜?!」。みんなはまたまた校長先生に熱い視線をおくりました。

校長先生　もう一回だけ私に言わせてくださいね（笑）。私ね，これまで何回も金色の折り紙に出会ってきているというのに，ちゃんと観察してこなかったなーということに気がついたのです。何度も見ているのに，折り紙のこと，金属の性質のことが，ちゃんとわかっていないということに気がつき，すごく反省しているのです。そこで，実験前に，こんな私の気持ちをみなさんに言っておきたかったのです。

——校長先生は少し照れくさそうに，自分の気持ちを正直に打ち明けてくれました。教室中が，ホワ〜ンとしたあったかムードになりましたよ。そして，自然に教室中にパチパチパチ……の拍手が湧きました。

　では，いよいよ実験です！教室は一瞬，シィ〜〜〜〜ン。

ボク　それでは，金色の折り紙をここにはさみますよ。いいですか，それでは，いっせーの，せっ！」

——豆電球はつきませんでした。ブザーの「ビィ〜〜！」という音も出ません。

　「おぉー！」

　次はサンドペーパーで表面をこすった金紙での実験です。ジャーン！　その結果は……「ピカッ！」「ビィ〜〜！」みごと豆電球は明るくついたのです。〔問題２〕の実験結果はウだったのです！

　「ヤッター！　パチパチパチ……」

234

予想が当たった子どもたちは，飛び跳ねたりして喜んでいます。そして，なっ，なんと校長先生までもが「ヤッター！」と声を出し，両手を高く上げて大喜びしているのです。教室中，ニコニコの笑顔でい～～っぱいになりました。

授業はこのあと，「銀・金色の折り紙と自由電子」のお話→「作業」（エナメル線とホルマル線のちがい）→「問題3」（アルミ製のやかんは電気を通すか）と進み，途中，校長先生は教頭先生に何やら耳打ちされ，「あっ，そうね。他の教室もまわらなくちゃいけなかったのね」とあわてた様子で，急いで教室を出ていきました。

●さて，みなさんの授業評価はいかに？

授業終了5分前ごろ，僕は子どもたちに授業感想文を書いてもらいました。お母さんたちにも同じ感想文用紙を配って，感想をお願いしました。そして最後に，数人の子どもたちの感想文を紹介し，授業をおしまいにしました。僕も子どもたちも大人たちも，みーんなニコニコ顔でおしまいの挨拶をすることができました。

僕は職員室に戻って，まずは熱いコーヒーで一呼吸しました。そして，子どもたちとお母さんたちが書いてくれた授業評価と感想文を，ドキドキ・ワクワクしながら読みはじめましたよ。

まずは，子どもたちによる授業評価と感想文です。

④たのしかった…4名

⑤とてもたのしかった…26名

③どちらともいえない…1名

あ～ぁ，よかったー。みんなにたのしんでもらえたみたいです。

235

★とてもたのしかったー！ 全問正解だったし，なんかヒロインになった気分ですね。小原先生，ちょっとはきちんとするかなと思ってたのに，いつもどおりでしたネ……。でも，たのしかったです。

（岩渕真希）

★もっといつもは楽しいのに，今日は“いまいち”って感じでした。でも，やっぱ楽しかったです。やはり，きんちょうしましたか？でも今日の先生もかがやいていました。　（こじまみどり）

★いつもいつも楽しい授業をしてくれて，本当に Thank You！

（米山真吾）

★いつも通りでとっても楽しかった。特に校長先生，教頭先生も参加してくれてとても楽しかったー。　（本田由佳梨）

「いつも通りで楽しかった」というのがうれしいですね。でも，まわりからお母さんにジィ～ッと見られたり，大人たちの特別授業参加があったりする〈特別な雰囲気〉なのに，「いつも通りで楽しかった」というのはどういうことでしょう？ それは，やっている授業内容が，いつも通りの仮説実験授業だったからです。やっぱり授業は，〈学ぶ内容がたのしいかどうか〉が決定的に重要なのです。

では，お母さんたちの評価と感想文はどうだったでしょう？

やったー！ お母さんたちにも喜んでもらえたみたいで，うれしいなー。

⑤とてもたのしかった…11名

④たのしかった…１名

✽子どもからうわさはかねがねうかがっていました。予想通りの楽しい授業でした。とても勉強になりました。ありがとうございました。　（島田まゆみさんのお母さん）

✽理科がとてもたのしいと言っていました。私もそう思います。

（大木聡之君のお母さん）

✽「とても大好きな先生」といつも息子が言っていたので，楽しみに来ました。これからも楽しい授業をお願いします。

（松野良高君のお母さん）

　う〜ん，うれしいなー。仮説実験授業を受けてる子どもたちは，普段，家でも「たのしい」と言ってくれていたんだー。そんな子どもたちの評価が見えて，さらに僕はシアワセ気分になれました。

　ところで，僕はやっぱり校長先生の評価と感想が気になります。そこで僕は思い切って，校長室に感想文用紙を持ってお願いしにいきました。すると，ちょうどそこに教頭先生もいたので，同時に二人にお願いしてきました。お二人は，笑顔で僕の願いをきいてくれ，１時間後に二人の感想文が届きました。

　まずは校長先生の感想文です。僕はドキドキしながら読みはじめましたよ。

評価⑤・とてもたのしかった

　何十年ぶりかで，胸のときめく授業を受けました。今日，学んだことは，私の生涯に忘れることはないと思います。「仮説をたてて，考える」──とても大切なことだと思います。楽しく学んで，知識も身につき，何よりも創造の世界が広がるような気がします。

　素晴らしい先生が四中に来てくださったことに感謝しています。これからも，生徒が思わず授業に引き込まれてしまう，楽しく創造的な授業を続けていっていただきたいと願っています。（村野久子）

おーっ，すごくうれしい感想文。校長先生は，この感想文を手渡してくれる時にも，わざわざ口に出して，「私にとって今日の授業は一生忘れることのないものになりましたよ。ありがとうございました」と話してくれたのです。校長先生にまでこんなふうに思っていただけて，よかったー！

　教頭先生の感想文も見てみましょう。

評価⑤・とてもたのしかった
　「なんだろう」「どうしてかな」──こんな気持ちを引き出してくれる授業で，知的好奇心をわきたたせてくれました。（小松信也）

　さらに教頭先生は，次のようなこともおっしゃっていました。
　「〈真理は多数決で決まらない〉ってことを，つくづくと分からせてくれましたねー。口で何度も言うより，今日みたいな授業をうけると，つくづくと〈そうだよなー〉って感じますね。素晴らしかったですよ。それから，今日の授業を受けた生徒の中から，将来，きっと科学者が生まれますよ。あんなたのしい授業なら，ずっと生徒は忘れませんからね。きっとあそこから科学者が生まれるだろうなー。僕はそんな気がしますよ」

　う～ん，いいこと言ってくれますね，教頭先生。

　僕は，このように仮説実験授業のおかげで，最高に気持ちよく，授業参観の日を過ごすことができたのでした。仮説実験授業は，やる気さえあれば，誰でもマネできる科学の授業です。だから，僕はアナタにも心からおすすめできるのです。授業参観のためというより，日々の授業を気持ちよくやるために，仮説実験授業は，僕（教師）の大きな力になっています。

238

〔付録〕大人にも参加してもらうときの心得

　授業参観。せっかくだもの，来ていただいた大人たちに「あぁ，授業を見にきてよかったー。たのしかったー」と思ってもらいたい。そのためには，子どもたちのみーんなが授業をたのしんでいる様子をお母さんたちに見てもらうことが一番です。そして，できたら大人たちにも授業に参加してもらって，ドキドキ，ワクワクしてもらえたら最高！

　そこで僕は，授業参観の時はよく仮説実験授業をします。そして，しばしば大人たちにも予想をたててもらったりしているのです。そのときに，次のようなことには気をつけています。

（1）授業前の準備

①授業書はお母さんたちの分まで余分に印刷しておく。

②感想文用紙もお母さんたちの分まで用意する。

③えんぴつを20本ほど用意する（お母さんたちの中には筆記用具を持っていない人が結構いる）。

④教室の左右に空間ができるように，生徒の机・椅子を真ん中につめてもらう。お母さんたちに，横からも授業を見てもらえるように。仮説実験授業をたのしむ子どもたちの笑顔を，いっぱい見てもらいたいものね。

⑤レコーダー。これはなくてもよいのですが，授業通信や記録を書く予定の人は用意しておくとよいでしょう（僕は，予定がなくても一応用意している。授業をしているうちに書きたくなってしまうことがあるかもしれないから。現に今回は，僕はそんな気持ち

になってしまった。テープを回していてよかったー）。

（2）授業中のこと

⑥お母さんたちに授業書を配るのは，誰か元気な生徒2人ぐらい
に頼むといいです。生徒たちの手からお母さんたちの手に渡さ
れると，なぜかちょっぴり教室の空気がなごむのです。

⑦お母さんたちに予想をたててもらうのは，第2問目あたりから
がいいです。第1問目で子どもたちが予想をたのしんでいるの
を見てもらえば，少しはお母さんたちの緊張も減るでしょうか
ら。

⑧お母さんたちに予想をたててもらうときの僕のセリフ。「お母
さん方もどうぞキラクに予想をたててみてください」「お母さ
ん方，どうぞ子どもの前で，わざと間違ってやってくださいよ。
すると，子どもたちも安心して間違えられますから」……こん
なセリフを，できたらニコニコ顔で言えるといいな。強制は絶
対にいけません。「手をあげない」ことも恥ずかしくないよう
にしたいですね。教師や生徒は，お母さんたちやお客さんに予
想をたてさせる（たててもらう）ことをおもしろがるかもしれ
ないけど，押しつけになったら，親に申し訳ないです。嫌がら
れます。注意しましょうね。

⑨お母さんたちに予想をたずねるのは，必ず子どもたちに予想を
聞いた後（予想分布の人数を板書した後）にしてあげるといいと
思います。

⑩理由発表や討論も，まずは子どもたちからにしましょう。授業
の主人公は何といっても子どもたちです。途中で，「お母さん

方の中で，どなたか意見を言ってくださる方，いませんか？」などと持っていくといいと思います。

⑪お母さんたちにも予想変更の場は作ってあげましょうね。自分から名乗り出ての変更って勇気がいるものです。

⑫感想文用紙はお母さんたちにも配り，生徒と同時に書いてもらいましょう。感想文用紙を家に持ち帰られると，集まる数は激減します。用紙とえんぴつを配ったり，書いてもらった感想文を集めるのは，やはり２人ぐらいの元気な生徒に頼むと，なごやかな雰囲気になっていいです。

⑬生徒の感想文のうちのいくつかを，声を出して読んであげるといいです。これは伊藤 恵さん（東京・小学校）から学んだことです。その際，必ず本人にそっと「これ，読んでもいい？」と了解をとること。紹介する感想文は，「授業がたのしかったー」と書かれているものを紹介するのはもちろんですが，できたら次のようなタイプのものも紹介したいですね。

・「予想がはずれた生徒の感想文」……間違えても，本人は授業をいっぱい楽しんでくれているということを，お母さんたちに知らせたいものね。

・「討論しなかった生徒の感想文」……討論しなくても，本人は「いっぱいノーミソを使ってるよ」「楽しんでいるよ」ということをお母さんたちに知らせたい。

⑭生徒の感想文を読み上げるたびに，できたら教師の感想もひとこと言えるといいね。「○○君，〈たのしかったー〉なんてありがとうね。僕だってすごくたのしかったです」「○○さん，はずれてくやしそうね。でも，新しいことを知ったんだもの。〈シ

メタ！〉だよねー」など……とね。まっ，僕は「どうもね」「ありがとうね」という感想を連発するだけのときもしばしばありますが。

⑮授業のおしまいに，僕はこんなふうに言うことがあります。

「次の授業で今日の続きをします。この授業を続けていくと，なぜ今日の実験でこうなったのかの謎が解けていきます。だから，安心してください。確実にみんなでカシコくなれますからね。じゃー，この続きは次にしようね。たのしみにしていてくださいね」

こんなことは仮説実験授業を受けている生徒には，わざわざ言わなくても分かってもらえているのですが，一応，お母さんたちの「実験のまとめをしないのかな？」「この先，どうなるんだろう？」などの心配を和らげるために付け足すことがあるのです。

*

ところで，授業参観の時，なにもこの①〜⑮のすべてを実行しなくてはいけないということではありません。現に，僕は今回③（鉛筆の用意）と④（教室の左右を空けておく）を忘れてしまっていたし，最後の話（⑮）もしませんでした。それでも，授業参観はみんなにたのしんでもらえたのです。

ところで，アナタの授業参観はどんな感じですか？ よかったら今度教えてくださいね。

6 あると便利♪
お役立ちグッズ

パイプを落とすだけでハッピーバースデーの
曲が演奏できる「バッピーバンジー」。

★お誕生会で大活躍！

ハッピーバンジーで
〈歳〉に願いを♪
とし

武藤実佐子 名古屋・ころりんハウス

＊本文に登場する「楽知ん研究所」は，「たのしい科学入門講座」をとおして，子ども
から大人まで，感動的に学ぶことのたのしさを広める NPO の研究所です。活動
の詳細は HP（http://luctin.org/）をご覧ください。

●お誕生日会での〈たのしい道具〉あります

　誰かを祝う，お誕生日会。バースデーケーキがあるといいですね。
ケーキにロウソクを立てて，火をつけなきゃ。歌も歌いましょう！

　これらをぜーんぶやれてしまう，たのしい道具があります。そ
れが〈ハッピーバンジー〉です。〈ハッピーバンジー〉は，誰も
が知っている曲「ハッピーバースデイ」が簡単に演奏できてしま
う，たのしい〈楽器〉のセットです。

●ハッピーバンジーとは……

① 〈ハッピーバンジー〉は，ケーキの
　箱に入っています。この箱があるだ
　けでも，おっ！ ケーキだ！と，特別
　な気持ちになって，テンションが上
　がります。

244

②箱から中身を取り出すと……バウム
　クーヘンに見立てた木の切り株，ロ
　ウソクがわりのアルミパイプ（おしゃ
　れなオーガンジーの袋入り），そして式
　次第が入っています。

③木の切り株は，床の間の柱に使う材
　木から切り出したものです。円周を
　描くようにぐるっと穴が空けてあり，
　番号が刻印されています。この〈ケー
　キ台〉は，楽知ん研究所メンバーの

　阿久津 浩さん（栃木県）が加工しています。

④番号の書かれた穴のところにロウソクに見立てたアルミパイプ
　を差します。パイプの番号と穴の番号が同じになるように気を
　つけて。ほら，ケーキのようでしょう？（↓の写真）

⑤アルミパイプのロウソクに火をつ
　けます。といっても，赤いボンテ
　ンをパイプに乗せるのです。24 本
　全てに乗せてもいいし，子どもな
　ら年齢の数だけ乗せてもいいかも
　しれません。

⑥パーティの進行の仕方は，式次第
　があるのでそれを参考にします。
　このとき『楽知んカレンダー』（文
　末参照）があると，同月生まれの
　科学者の話題などで，お誕生日の

話題が広がりますよ。

⑦では，お祝いするお誕生日の方に
ステキな一年になりますよう願い
を込めて，ロウソクの火をひと息
で吹き消してもらいましょう。ふ
～っ！ パチパチパチパチ！

⑧今度は，お祝いの曲をプレ
ゼントしましょう。曲はも
ちろんハッピーバースデイ
です。いよいよ〈ハッピー
バンジー〉の演奏です。
演奏のコツは3つ。

　1．姿勢をシャキッと。

　2．アルミパイプをやさしくつまんで持つ。

　3．笑顔。

——です。では準備はいいですか？

アルミパイプを書かれた番号の順番に落としていくと，長さの
異なるパイプがそれぞれ別の音を奏で，「ハッピーバースデイ」
の曲が演奏できます。

●**手軽にできる〈ハッピーバンジー〉**

〈バンジーチャイム Ⓡ〉（「バンジーチャイム」は楽知ん研究所の
登録商標です）は，長さが違うパイプを落とすときの音の高さの
違いを利用した楽器です。いろいろな長さのパイプを順番に落と
すことで，音楽を演奏することができるのです。岩瀬知範さん（北

246

海道，仮説実験授業研究会会員）が原型を作り，宮地祐司さん（愛知・NPO 法人楽知ん研究所）が〈バンジーチャイム〉と命名しました。

　バンジーチャイムは，何と言っても「誰でも練習なしに，演奏者として音楽を楽しめてしまう」のがスゴイところです。しかし，それだけではありません。一度体験すると，「自分も誰かにバンジーチャイムをやって楽しませてみたくなる」のです。でも，大道仮説実験の〈バンジーチャイム演奏会〉として講座を楽しむには，「星に願いを」が演奏できる真鍮製の「バンジーチャイム」，フリップブックの「バンジーチャイム演奏会」，金属板セットなどが必要です（すべて，「楽知ん商店街」http://luctin.shop-pro.jp で取り扱っています）。この一式は，どちらかというと〈大道仮説実験〉などの講師むけのグッズですので，普通の方が持つには，ちょっとハードルが高いかもしれません。

　それを，いつでも，何度でも，誰もが気軽に楽しめるようにしたのが〈ハッピーバンジー〉なのです。〈ハッピーバンジー〉なら，普通の家族でも，お友達同士でも，幼稚園や介護施設などでも，気軽に誰もが楽しめます。飾っておいても可愛いし，お誕生日は全ての人に 1 年に 1 回は巡ってくるのですから。

●〈ハッピーバンジー〉ができるまで

　この〈ハッピーバンジー〉は，〈子どものエール基金〉（あいちコミュニティ財団が2014年に募集）という助成金に，「〈バンジーチャイム〉普及事業」として NPO 法人楽知ん研究所が応募したことをきっかけに開発したものです。

　曲選びは重大な問題でした。どれだけ大流行した曲であっても，

世代を超えて歌われていることは少なく，10年後も楽しまれている保証はありません。「みんなが知っていて」「ほどほどの長さで」「落とすリズムが簡単で」「いっしょに歌えるとたのしい！」と条件はなかなかハードです。最終的に，誰でも知っていて何度も使う機会がある曲，ということで「ハッピーバースデイ」に決まりました。

　実は「ハッピーバースデイ」は，今から約120年ほど前に作曲された別の曲の替え歌です。現在一般的に歌われている「ハッピーバースデイトゥーユー」という英語の歌詞で，すでに100年ほど前から歌われていて，世界中の言語に翻訳されているという，世界でもっとも歌われている曲（ギネスブックにも掲載されているらしい）なのだそうです。それは，お誕生日を祝うたのしさを世界中の人が知っているからでしょう。この曲であれば，世代も国も超えて，いっしょに楽しむことができます。

　曲がきまり，パイプの台のデザインを検討していたときに，私の頭にはふと，〈バースデイケーキにろうそくの炎がゆれている様子〉がポワーンと思い浮かんできてしまいました。ちょうど，クリスマスケーキの予約販売の時期。予約の受付をしているサンプルのケーキをみたとき「これにろうそくでなくバンジーチャイムをさしたらぴったりかも！」と思いつきました。

　そこから，阿久津 浩さんが試行錯誤してくださり，ケーキに見立てた切り株にレーザー刻印するという方法にたどり着きました。そこに，バースデイケーキのロウソクに見立てたパイプを立て，ロウソクの炎に見立てたボンテンを置き，ケーキの箱にいれるといったトータルを私がデザインして，現在の形になりました。

そして，山本恵理子さん（福井県）が〈ハッピーバンジー〉というネーミングを，宮地祐司さんが「ハ（8）ッピーバ（8）ンジーだから，8800円（！）」という値付けをしてくださいました。

〈ハッピーバンジー〉を使った方の感想を少しご紹介します。

●初めての親子さんも，笑顔笑顔えがお！

月1回の絵のサークルでは，いつも誕生会をバンジーチャイム生演奏会でして盛り上がっています。キミコ方式の絵を描いて集中した2時間近くが終わって，1年生のなつみちゃんは帰りたそうな様子だったのですが，あの切り株のケーキとロウソクを見て，期待感がわいてきた様子。なんと！なつみちゃんは来月が誕生日だそうです。〈ハッピーバンジー〉に入ったプログラム通り進行して，何回も経験しているメンバーも初めての親子さんも，笑顔笑顔えがお！

途中，同月生まれの科学者紹介を『楽知んカレンダー』を使ってやっています。ちょっと科学の話題も出したりしています。

〈ハッピーバンジー〉は，その意外性と参加者の連帯感が生まれて好評です。ステキなグッズを考えてくれて，ありがとうございます。

（神奈川・大野以津美さん）

●孫の誕生日に貸してもらいたい

先日，ハッピーバンジーを買われた知人が，図書館に持ってきてくださいました。和音のパイプの投げ方などを聞きに来られたのです。それで，同じ番号のはいっぺんに落とすのですよ，と教えて初演奏しました。

そしたら，その場にいらしたお友達のお知り合いが「孫の誕生日に貸してもらいたい」と言い出されました。「お家の中だと，フカフカの絨毯ではダメですよ」「道路に出るから大丈夫！」「電話番号を教えてあげるからあなたも買えば」という話になって，帰られました。

近々，その方から問い合わせがくるかもしれません。

（松尾由美子さん・図書館司書）

実際，すぐその方から電話で注文をいただきました。お電話で使い方など説明すると，まだ入手前なのに，それはもう，とってもうれしそうでした！

●〈ハッピーバンジー〉で歳（とし）に願いを！

もともとバンジーチャイムは，練習の要らない楽器ですが，〈ハッピーバンジー〉はさらにお手軽です。特別な打ち合わせも必要ありません。人が集まるところであれば，毎回だってできます。そのように人を笑顔にするキッカケを，〈ハッピーバンジー〉は確実に提供してくれます。

まだまだ一部の人にしか知られていませんが，これからますます様々な場面で活躍してくれるようになると思います。幼稚園・保育園・小学校では，子どもたちはお誕生会を楽しみにしています。そんな時，〈ハッピーバンジー〉が一つがあれば，大活躍します。パーティの司会をやりたがる子どものために，「こんなふうにやったらいいよ」という司会のセリフも式次第に同梱しました。もちろん，年齢の幅の広〜い家族や親戚の集まりでも，気軽なママ友の集まりでもできます。何人か人が集まれば，〈その月がお誕生日〉の人がいることも多いので，サプライズのお誕生会が簡単にできます。

それから介護施設でも。そもそもバンジーチャイムは，〈落とす〉という，とても簡単な動作だけで演奏に参加できるので，高齢の

方や，体の不自由なかたも，気軽に演奏者になれるのです。車椅子のままでも演奏できます。〈バリアフリーな楽器〉として使えるのです。

　異文化交流の場面や海外で演奏を楽しむのもいいでしょう。ケーキの形を目でたのしみ，メロディを奏でるのに，言葉の壁はありません。演奏すればいつでもどこでも笑顔と拍手がうまれます。

　みなさんも，この楽しくておいしそうな〈ハッピーバンジー〉で，〈お誕生日会〉をしてみてはいかがでしょうか？「世界中の人たちが〈歳〉に願いをこめて，どんどん笑顔を広げていくこと」を夢見ている今日この頃です。

　「こんな場面でつかっているよ」というレポートも，ぜひお寄せください。それがまた，次の笑顔を広げていくのですから。

*『楽知んカレンダー』（税別 500 円）は，科学者の誕生日データや楽しい研究をするための心得，さまざまな豆知識が書かれた読み物付きカレンダーです。『楽知んカレンダー』，「ハッピーバンジー」（税別 8800 円）は，楽知ん商店街のほか，仮説社でも取り扱いがあります。

〈なみだくじ〉のススメ

●ツクシさんと結果主義とあきらめの教育学

今谷清行 福岡・小学校

◆オススメグッズ〈なみだくじ〉

〈なみだくじ〉というくじをご存知でしょうか？ 子どもを指名して発言を求める＝指名発言のときに使うくじのことで，僕のオススメグッズです。

やり方はカンタン。子どもの数だけ割りばしを用意し，その割りばしの一方の端に出席番号を書き込みます。そして，それを適当な筒（ポテトチップスなどの空き筒）に入れます。それから，筒のフタに割りばしが1本でてくるだけの穴を開けます。これだけでOKなんです（口絵参照）。

使用法は，ざっと次の通りです。 誰かを指名したくなったら，「さあ，誰に発表してもらおうかな？」と言いながら容器を振って，中の割りばしをジャラジャラと混ぜます。そして，フタにあけた穴から割りばしを1本取り出すのです。

「ジャジャーン。出席番号○番の人，大当たり～。では，どうぞ！」

　くじに当たってしまった子はググッと涙を呑んで発表しなければならないというわけです。

　これと似た仕組みの〈おみくじ〉を，神社で見たことはありませんか？ 箱を振って，穴から棒をとり出し，そこに書かれた番号を巫女さんに見せると，おみくじの紙を渡してくれるというものです。実は，〈なみだくじ〉を考案した丸屋 剛さん（埼玉・中学教師）は，この〈おみくじ〉方式からヒントを得て，教室での指名発言に応用したということです。

　〈おみくじ〉って楽しいですものね。大吉が出てほしい。でも，もしかしたら凶が出てしまうかもしれない。結果が出るまでの〈ワクワク感〉が何ともいえません。

　〈なみだくじ〉は，そんなワクワク感を指名発言に導入したわけです。きっと，そのワクワク感があるからこそ，当たってしまった子も涙を呑んで（苦笑いしながら）発表してくれるのでしょう。それで，〈なみだくじ〉。いいネーミングです‼

◆〈なみだくじ〉のよさ

　僕が〈なみだくじ〉の存在を知ったのは，もう 15 年ほど前のことです。小原茂巳さん（東京・中学教師）が〈なみだくじ〉の紹介をしているのを聞いたか，その記事を読んだかして知りました。今回，この原稿を書くにあたって調べてみると，『たのしい授業』の 1993 年 11 月号（No.134）に小原さんの記事「〈偶然〉を利用したなみだくじ指名」がありました（この号には，考案者の丸屋さんの記事「〈なみだくじ〉はどうして生まれたか」も載って

いました)。ですから，僕はこの記事を読んで〈なみだくじ〉の存在を知ったのかもしれません。

　さて，この記事の中で小原さんは，〈子どもたちが嫌がる指名〉とはどんなものか，また，〈なみだくじ指名〉について子どもたちはどう感じているかを，子どもたち（中学2年生）からアンケートをとって調べ，紹介しています。

　まず，〈子どもたちが嫌がる指名〉については，次の4つが挙がっていました。なお，（　）内は僕の補足説明です。

　★突然当てられる指名。（ビックリする）

　★列ごとの指名。（「もうすぐで自分の番だ」とドキドキ感がつのる）

　★うるさくしている時に当てられる指名。（バツが悪くて恥ずかしい）

　★先生と目があった時に当てられる指名。（生徒の都合はお構いなし。先生の気まぐれにつきあわされる）

　確かに，上記の指名って，どれも嫌ですよね。

　では，これらに対して，〈なみだくじ指名〉の方はどうなのでしょうか？　子どもたちは，次のように答えています。なお，（　）内は僕の補足説明。

　☆たのしい。おもしろい。（なみだくじ指名は，ネーミング自体楽しいのですが，「誰に当たるのか分からない」というスリル感も子どもたちにはウケるようです）

　☆パターンが決まっていて，安心できる。（他の指名発言は〈いきなり〉の指名ですが，なみだくじ指名はジャラジャラと割りばしを混ぜている間に「覚悟が決まる」──そんな感じでしょうか）

　☆緊張感がいい。（ダラ～っとした授業より，ある程度ピリッとし

254

た緊張感のある授業の方がいいのですね）

☆運まかせがいい。（〈なみだくじ〉はくじですから，教師の意図
が入り込みません。そこが〈押しつけ感〉を薄めているのでしょう）

☆いろんな人に当たるのがいい。（これは，逆に言えば，〈教師が
意図した指名〉には偏りがあるということです。この〈偏り〉を
子どもたちは「よく思っていない」ようです）

　実際，僕自身が小学生の子どもたち相手に〈なみだくじ〉を活
用した時も，同じような反応がうかがえました。

◆指名発言は妥協策

　このように，〈なみだくじ〉は子どもたちにけっこうウケます。
ですから，僕もオススメしているのです。しかし，実をいうと，
以前の僕はあまり〈なみだくじ〉を評価していませんでした。

　「たのしい授業」を理想とし，追い求めている僕としては，〈押
しつけ〉は排除したいもの。ところが，なみだくじ指名を含め，
どんな指名発言も，子どもたちにとっては〈強制〉であり〈押し
つけ〉ではないのか。「たのしい授業」が実現できれば，自ずと
子どもたちは意欲的になるだろうし，意欲的になれば，わざわざ
指名しなくても，自然と子どもたちの発言は増えるはずだ。授業
内容が楽しければ，子どもたちのノーミソは活発に動きだし，結
果，意見交流が盛んになるだろう。——そんなふうに考えていた
僕は，〈なみだくじ〉をあまり評価していなかったのです。

　「ならば，指名発言を一切しなければいい」——そんな声が聞
こえてきそうです。しかし，現実にはそうもいきません。なぜな
ら，僕の授業は「いつもたのしい授業ばかり」というわけにはい

かないからです。フツーの教科書授業は，なかなか楽しくなり得ないのです。

　退屈な教科書授業では，子どもたちの自発的な発言はあまり望めません。かといって，教師の「講義」を続けていれば，なおさら退屈になってきます。そのため，情けないことに「どうしても指名発言を行わざるを得なくなる」のです。

　つまり，指名発言は僕にとって，本当はしたくないけどせざるを得ない〈妥協策〉なのです。そして，〈なみだくじ〉も僕にとって押しつけ感の少ない妥協策の一つに過ぎなかったのです。だから〈なみだくじ〉にしても，いつも使っていたわけではなく，「ごくまれにやってみる」という程度のものでした。

◆にがい思い出

　そんな僕ですが，6年前に起きたあることがきっかけで，〈なみだくじ〉を見直し，活用するようになりました。

　今から6年前。僕は6年生を担任することになりました。持ち上がりではないそのクラスには，5年生まで長らく不登校状態にあった〈ツクシさん〉という女の子がいました（仮名）。

　「仮説実験授業や楽しいものづくりがあるから，きっと大丈夫！」と，僕ははりきりました。「〈たのしい授業〉をいっぱいして，ツクシさんに〈学校がたのしい〉と思ってもらおう」「そうすれば，きっとツクシさんは学校に来てくれるだろう」──そう考え，実践しました。

　学期が始まった当初，ツクシさんの調子は本当によくて，毎日学校に来てくれていました。お母さんからも感謝され，こんな言

葉をいただきました。

「ツクシが家で，〈今度の先生は違う〉って言うんです。学校が楽しいみたいです」って。

僕はもうすっかり安心してしまいました。

ところが！です。6月の終わりごろからだったでしょうか。ツクシさんが休みがちになってきたのです。

ちょっと心配になった僕は，お母さんに会って様子を聞いてみました。

「近ごろ調子が悪いですね。家で何かありましたか？」

友達関係は順調にいっていましたから，学校生活には原因が見あたらなかったのです。

しかし，この時返ってきたお母さんの言葉は，僕が全く予想していなかったものでした。

「先生，ツクシがこんなことを言うんです。〈算数で今谷先生が私にばかり当てる〉って。どうも，それが嫌で学校に行きたくないみたいで，私も困っているんです」

なんと，ツクシさんが学校に来なくなった原因は僕にあったのです。思ってもみなかったことで，とてもショックでした。

さて，皆さんなら，こんな時どう感じ，どんな対処をしますか？

この時の僕は，お母さんに対して〈強い反感〉を覚えたのでした。

「お母さん，あんた，ちょっと甘いんじゃないか。授業で指名されるのが嫌っていうだけで休ませていたら，また不登校の状態に戻ってしまうぞ！」と。

「授業でツクシを指名していたことは，感謝されることはあっても，非難される覚えはない。不登校のため，積み上げに欠ける

ツクシにとって，算数は一番のネックになっているんだ。だから，僕は教育的配慮で〈ツクシを中心に据えて〉算数を進めてきたんじゃないか！」と。

こんなことを一瞬のうちに考えていました。お母さんに責められたように感じ，我が身を守ることで頭がいっぱいになってしまったのです。

さすがに，そんな〈反感〉を口に出すことはしませんでしたから，このお母さんとの関係が決定的に切れてしまうことはありませんでした。でも，「原因は僕にあるわけじゃない」「このお母さんが甘いんだ」なんて心の内では思っていたのですから，「お母さんと一緒にツクシさんを見守っていこう」なんていう〈いい関係〉は，そのご結局築けませんでした。

そうして2学期以降，ツクシさんは学校に来ることが少なくなり，とうとう卒業証書は一人校長室でもらうという〈残念な結果〉になってしまいました。

◆ 〈なみだくじ〉の再評価

ツクシさんの件を，僕はなかなか消化しきれずにいました。

算数が分からなくて困っているツクシさんを〈お客さん状態〉にするよりは，指名して発言を求め（あるいは，黒板上で問題を解かせ），その場その場でしっかり指導していき，〈できる〉ようにさせる。そして，できた時にはしっかりほめる。そんな教育的配慮は，「必要に決まっている！」「間違っていたはずがない！」と，長らくそう思えて仕方ありませんでした。

ですから，ツクシさんの件以降も，僕はそんな「教育的配慮＝

意図的に指名して発言を求めること」をやめはしませんでした。

　それでも，そんな僕でも，ツクシさんとの〈残念な結果〉が頭を離れることはなく，ずっとずっと気になり続けました。

　そして，そのご，長い時間がかかりましたが，〈たのしい授業〉を求め続ける中で少しずつ「やはり僕に原因があった」と思えるようになっていきました。

　そうして，僕は，〈教師の意図の入り込まない，なみだくじ指名〉のことを見直すようになったのです。

　「今，意図的にあの子を指名したい。けれど，もしかしたら逆効果かもしれない。ここはアキラメて，意図の入り込まない〈なみだくじ指名〉にしよう」なんて。

　一時は，〈意図的な指名発言〉と〈意図の入り込まないなみだくじ指名〉をごちゃ混ぜに採用する時期がありました。ですが，徐々に，〈なみだくじ指名〉の割合が増えていきました。

　何か決定的なことをつかんだ，というわけではありませんでした。積み重なる子どもたちの反応（結果）を見ながら，自然とそうなっていったのです。

　今では，「指名発言時のほとんど（9割方）は〈なみだくじ指名〉」という状態で落ち着いています。

◆**教育は〈結果主義〉で判断する**

　これから書くことは，ツクシさんの件からずいぶん時が経ち，冷静に振り返れるようになった今だからこそ，ようやく書けることです。

　ある教育的配慮によって〈いい結果〉がもたらされたならば，

259

それは〈いい教育的配慮〉です。しかし，〈悪い結果〉になったならば，それは〈ヘタな教育的配慮〉と言わざるをえません。

　つまり，ツクシさんへの僕の教育的配慮は，結果から見て「ヘタな教育的配慮であった」と判断せざるを得ないのです。

　「教育は〈結果主義〉で判断しなければならない」とは，仮説実験授業を通して学んだことです。このことは，ツクシさんの件があった6年前も，僕は知っていたはずです。なのに，いざという時，僕はそう考えることができませんでした。〈残念な結果〉をまねいても，僕は僕の行った教育を結果主義で判断することはできなかったのです。

　いったい，なぜなのでしょうか？　それは，「教育的配慮の出発点が〈教師の善意〉にあるからだ」と，今は分析できます。

　ある教育的な配慮を行う時，出発点となるのは，「この子のために」という思いでしょう。僕も，ツクシさんのために，良かれと思って，意図的に指名発言させていたのです。そんな〈善意〉が出発点にあったからこそ，僕は「間違ったことはしていない」とかたくなになってしまったのではないでしょうか。どうも僕は，自分で自分をだましていたようです。

　「志が立派ならばいい教育ができる」とは，決して言えないのです。子どもにとって〈いい結果〉をもたらしたものだけが〈いい教育〉なのです。

　この点から考えると，〈なみだくじ〉は子どもたちに〈悪い結果〉はもたらしていないようです。それは，小原さんが行った中学生のアンケート結果からもうかがい知れることでしょう。

◆あきらめの教育学

　仮説実験授業を提唱された板倉聖宣さんが,〈あきらめの教育学〉というようなことをおっしゃっていたのを聞いたことがあります。刺激的な言葉だと思います。なにしろ,〈教育〉と〈あきらめる〉とは, 一般的には〈相反する関係〉なのですから。

　しかし, 今の僕には, この言葉の真意が分かるように思います。まず,〈教師のあきらめ〉は,「子どもを追い込まない」ということにつながります。

　ツクシさんの件で言えば, 僕は意図的な指名発言によってツクシさんを追い込んだのです。それは当時の僕が,「学校に来れるようになったのだから, 算数の力もなんとかつけさせてあげよう」と, そんな気持ちでいたからでした。

　しかし, もし, 今僕が当時に戻れるならば, 僕はこんな気持ちでツクシさんに接するでしょう。

　「学校に来れるようになったのだから, それだけで良しとしなくちゃ。あとは, 僕の勝手な思いをあきらめてあげるのも愛情だ」と。

　そういう風に考えられていたら, あの〈にがい思い出〉のてん末も, 好転していたかもしれません。

　もう一つ,〈あきらめる〉ということは,「自分自身を追い込まない」ということにつながります。

　あの時のツクシさんのお母さんの言葉,「〈算数で先生が私にばかり当てる〉って言うんです。それが嫌で学校に行きたくないみたいです」という言葉に, 僕は過剰に反応し, 結果, 自分自身を追い込んでしまいました。

しかし，もしあの時，「しかたない。じゃあ，算数については
あきらめよう」と割り切ることができたならば，僕はどんなにラ
クにツクシさんやお母さんに接することができたでしょう。

〈あきらめる〉という言葉には一見マイナスのイメージがあり
ます。でも実は，心を軽くし前後を振り返る余裕を生じさせる効
果があるとは言えないでしょうか。

◆もう一度，〈なみだくじ〉のススメ

〈意図的な指名〉には，一見何らかの〈教育的配慮〉があるよ
うに感じられます。しかし，その〈教育的配慮〉が，本当に子ど
もたちに〈いい結果〉をもたらすために考えられたものであるか
どうか？　これは，一度冷静に考えてみる必要があると思います。

また，ある子の学力をあげようという意図をもって指名をした
としても，それによって本当に学力は上がるのでしょうか？

この数年，指名発言にこだわってきた僕の経験では，その答え
は「否」です。〈意図的な指名〉は，学力を上げるのに「一利あっ
ても百害あり」と思わざるを得ません。

それよりは断然〈なみだくじ指名〉がオススメです。うまく活
用すれば，普通の教科書授業がそんなに退屈ではなくなります。
むしろ，ある程度の緊張感の中，テンポよく授業が進められるよ
うになるのです。この方が，よほど学力が上がるだろうと思われ
るのですが，どうでしょう。

〈なみだくじ〉活用のコツは，「気負わず，気軽に」です。

〈なみだくじ指名〉はそもそもが妥協策ですから，「フツーの教
科書授業が少しでも，ほんの少しでも楽しくなればいい。指名発

262

言によって学力を上げるなんてことは，あきらめよう」と割り切る気持ちが大切です。

　想像してみてください。

　授業で，みんなに考えてもらいたい課題がある時，〈なみだくじ〉を取り出すのです。

　「さあ，どう思う？ このあと，〈なみだくじ〉で誰かに当てるよ」と言えば，たいていの子が真剣に考えてくれます。自分が当たるかもしれないからです。

　そして，しばらくして，〈なみだくじ〉をジャラジャラ振り始めます。こちらは気楽にやっているのですから，まるでマラカスを振るように楽しめばいいのです。

　そうして，１本の割りばしを穴から取り出す。ゆっくりと。

　この時，クラスはしーんとします。「いったい，当たったのは誰だ？」という興味，「もしかして，自分？」という若干の不安。子どもたちの顔には得も言われぬ笑みが浮かびます。

　そんな表情を楽しみながら，こちらは元気よく発表するのです。

　「ハイ！ 出席番号○番，△△さん。あきらめて答えてね！」と。

　〈なみだくじ〉の結果に，喜々とする子。あるいは，安堵する子。あとは，当たってしまった子のフォロー（教育的配慮）を僕たち教師は考えればいいだけです。

　指名して発言を求めたのですから，しっかり答えられた子に対しては，「ありがとう」。うまく答えられない時は，必要以上にその子を追い込まないよう気をつければいいのです。

　どうですか？ ちょっとでも日頃の授業を楽しくするために，〈なみだくじ〉を活用してみませんか！

席替えと政治的配慮

●クラスの平和を守る「犬塚式座席クジ」

山路敏英　東京・中学校（当時）

●クジ引きという偶然によって発生するいくつかの問題

　「たのしい授業学派」の席替えについては，竹内徹也さんの「席替えはテッテーテキに管理する」（『たのしい「生活指導」』仮説社）にその考え方と方法が書いてある。その基本は

1．定期的に，回数を多くする。（毎月，必ず1回はする）
2．生徒も担任もインチキのできないクジを使用する。

というものだ。竹内さんが紹介しているのは高校で，ボクは中学校だが，6年前に担任をした時までこの方法でやってきた。少しの不都合はあったが，「クジだから，しかたがない」と思っていたし，一般の子どもたちには歓迎された方法だった。
　ところが今年の担任クラスでは，単純なくじ引きだけで決めると，いくつもの不都合が起きてしまった。不都合というのは，「掃

除当番・給食当番がうまく機能しない」「子どもたちがイヤな気分になる」「担任がイヤな気分になる」といったことだ。どうしてそんなふうになるのか，もう少し具体的に言うとこうだ。

①今のクラスには，全く学校に来ない子が1人，週に1〜3日休む子が7人，学校には来るが毎日3〜4時間ぐらいの遅刻をする子が3人，毎日30分くらい遅刻する子が3人いる。毎日，朝の学級指導のときには，少ないときで7人，多いときは14人いない。これらの子たちが一つの班に集中すると，当番班が成立しないし，ちゃんと学校に来ている子たちも困る。

②昨年から解決していない，〈いじめっ子といじめられっ子の問題〉がある。2人が隣同士になってしまうと，いじめられっ子が不登校になってしまいそうだ。

③「不機嫌伝染くん」が1人いる。ボクの言葉や提案に対して，いちいち「なんでこんなことするの」「めんどくせー！」「いいじゃんそのくらい」「オレ，やらないからね」などと言う。反論はできるが，この子に最前列・至近距離で言われると，ボクがとても不機嫌になる。特に朝の学級会はすがすがしい出会いをしたいのに。他の子に申し訳ない。

いっそ担任のボクが全部の座席を決める方がいいか，とも考えた。しかし，教師が決めるとなると，子どもたちは甘えて，「私は前回もAさんの隣だったから変えてほしい」などと，果てしなくたくさんの要求が出てくる。「のほセン（のほほんとしたセンセイ）」のボクにはこれをはねのける体力はない。やはりクジがいい。

小さなワガママなら「クジで決まったんだから」と言うと，何か
天の声で「あなたの運命だ」と言われたみたいで説得力がある。

●政治的配慮という考え方

　席替えの矛盾をかかえて考えていたら，友人の小原茂巳さんが，
こんなことを教えてくれた。

> 　僕も席替えはクジでやるんだけど，たとえば，朝，クジを引いて，
> 結果発表は帰りの会でする。それで，朝のクジの結果で座席表を作っ
> てみる。その座席で，どうしても「これはマズイ」というところだけ
> を１箇所くらい変える。「マズイ」っていうのは，たとえば〈明
> らかにイジメが起こりそう〉とか，〈教師との関係が最悪の子が一
> 番前の席で衝突しそう〉とかいう場合だよね。そういう「政治的配慮」
> をするんだ。

　ボクも，以前，そのようなことをやろうとしたことがある。し
かし，「子どもたちに〈不正をするな〉と言っておきながら，自
分は不正をしていいのか」と，ボクの中の正義感が顔を出してき
てやめた。また，子どもたちに「先生がズルをした！」と言われ
るのも怖かった。だから，小原さんの「政治的配慮」の言葉にびっ
くりした。そして，今までの自分のどこが間違っていたかがわかっ
た。

　子どもがクジ引きで不正をするのは個人のわがままだ。しかし，
クジで決まった席を教師が操作するのは，「席替えによって不幸
になる子をなくしたり，クラスの平和を維持すること」，つまり，
「学級組織の円滑な運営」が目的なのだ。これは学級担任の経営
責任者としての仕事だ。立場の違いに気付かずに「不正」とひと

まとめにしたのが間違いだ。

　そう考えたので，今回の席替えでは，自信を持って堂々と1件の「政治的配慮」をした。具体的には，教室の後ろのほうのいじめっ子の前の席にいた「いじめられっ子」と，中央最前列にいた「不機嫌伝染くん」とをトレードした。

　また，席替え当日，その時間に欠席した子が5人いたが，そうした遅刻・欠席が多い子たちが一つの班に集中しないように，先にボクが座席指定した。これについては一般の子たちも賛成してくれた。これで，だいぶ不都合を避けることができた。

　小原茂巳さんはこんなたとえ話もしてくれた。

　　僕たちの仮説実験授業研究会は，夏の全国大会の総会で，来年の開催地を多数決で決めるときがあるでしょ。だれが見ても明らかに票数がちがうときはそれで決まりだけど，ほぼ同数で西日本と東日本に票が分かれたときは，最後の1票まで数えないで，議長が「えいっ！」と一方的に決めてしまうときがあるでしょ。あれって，口に出して言わないけど，「ここ数年，西日本で連続して大会をやってきたから，そろそろ東日本でやらないと……」みたいに考えているんだと思うよ。見た目にはいいかげんなんだけど，高度な「政治的配慮」をしているんだよね。研究会全体の発展のためにはその方がいいし，その判定で損をする人はいないからね。

　これは腑に落ちる話だった。ボクも担任として，目先の正義感やルールの厳密さにこだわって，「クラスの平和のため」という，より大きな目標を見失わないようにしたいと思った。

●不正を防げて「政治的配慮」はできる「犬塚式座席クジ」

　ところで，先に紹介した竹内徹也さんのくじ引きの方法もよいが，「教師も不正ができない」仕組みになっているので，「政治的配慮」はしにくい。そこで，〈ラクで早くて簡単で生徒の不正ができないのに「政治的配慮」ができるクジ〉としてオススメなのが「犬塚式座席クジ」（ヤマジが勝手に命名した）だ。

　これは愛知の犬塚清和さん（ルネサンス高校・校長）が中学校で学級担任をしていたときにやっていた方法だ。以下にそのやり方を紹介する。

①Ｂ４判の紙に下の図のように書いたものを用意する。男子用１枚，女子用１枚。横線はクラスの男女別人数分を引く。ボクのクラスは男子18人，女子20人。

②この紙を，それぞれ縦にビリビリとやぶく。

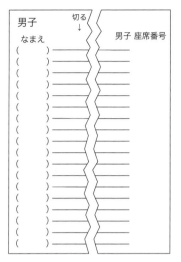

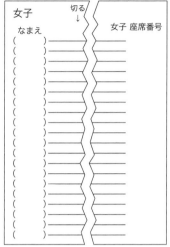

③やぶいた左側を学級委員に渡して，全員に好きなところに名前
　を書いてもらう。

④やぶいた右側には担任が座席番号の数字をばらばらに書く（廊
　下など，子どもたちに見えないところで書く）。

　ここまでを朝のうちに（または帰りの会で）する。すぐに発表
を要求されると「政治的配慮」ができないので，クジの記入は朝
の会の終了間際や帰りの会の終了間際にやって，担任は記入が終
わったクジを持って素早く消えるのがよい。

　座席番号の発表は，朝にクジ引きをした場合は帰りの会，帰り
の会でクジ引きをした場合は翌日にする。この〈発表までの時間
差〉が小原さんから教わった「政治的配慮」のためのポイント。
正式に発表する前に，やぶいてあった右と左の紙を合体させて，
仮の座席表を作ってみる。「大きな不都合」があれば右半分の座

席番号を修正し（このために右半分の座席番号は鉛筆で書いておく），正式の座席表を作る。細かいことは目をつぶる。細かい不都合を気にすると際限がなくなるし，「クジ引き」の意味がなくなってしまうから。

⑤発表。子どもたちが来る前に黒板に座席番号を書いておく。

教卓					
33	13	26	7	19	1
34	14	27	8	20	2
35	15	28	9	21	3
36	16	29	10	22	4
37	17	30	11	23	5
38	18	31	12	24	6
		32		25	

1〜18 男子／19〜 女子　＊山路クラスの場合

⑥やぶいてあった右と左の紙を合体させて，上から順に名前と座席番号を読み上げる。

　この「犬塚式座席クジ」がいいのは，紙を小さく切ってクジを作らなくてもよいということだ。Ｂ４判の紙が２枚に，男女別に人数分の横線を引くだけでよい。線を引くのも物差しを使わなくても差し支えない。また，やぶいてあった左右の紙を合体させた瞬間に全員の座席が決まるので，子どもたちが不正をするスキがない。

　10月上旬に「政治的配慮」をして決めた席で１カ月が過ぎたが，今のところ座席がモトになった不都合は起きていない。（おわり）

■初出一覧

月刊誌『たのしい授業』（仮説社）に掲載された年月と号数

小原茂巳「出会いのとき，大切にしたいこと」2016 年 3 月号（No.446）

1 授業開き　峯岸昌弘「ぼく・わたしクイズ」2018 年 3 月号（No.474）／比嘉仁子「学級開きはこさそりの標本で」2005 年 3 月号（No.292）／加藤光二「まむしの卵」2012 年 4 月号（No.391）／吉村安裕「このカードを当てるのはあなた」2015 年 9 月号（No.439）／淀井　泉「授業プラン〈エナジースティックで遊ぼう〉」2018 年 12 月号（No.485）／湯沢光男「エナジースティックの仕組みは？」2018 年 12 月号（No.485）／岸　勇司「私の定番〈出会いの授業〉」2017 年 4 月号（No.461）／平賀幸光「授業プラン〈爆発〉」2013 年 4 月号（No.405）

2 教室掲示　二宮聡介「切り絵〈春夏秋冬〉」2017 年 10 月号（No.468）／峯岸昌弘「学級目標はどっちに転んでも，シメタ！」2018 年 4 月号（No.475）／山本俊樹「染伝人流　おりぞめ遊術〈たまモノ〉」2017 年 1 月号（No.458）／今谷清行「たまモノ〈ほっぺちゃん〉」2018 年 10 月号（No.482）

3 学級通信　佐竹重泰「学級通信でステキ発信！」2017 年 4 月号（No.461）／高畠　謙「宿泊移動教室の前に」2017 年 5 月号（No.463）

4 家庭訪問・保護者会　舘　光一「笑顔と安心感が広がる家庭訪問」2018 年 5 月号（No.477）／道端剛樹「友達からの一言紹介は三者面談に最適です」2017 年 7 月号（No.465）／木下富美子「笑顔ですすむ保護者会」2016 年 3 月号（No.446）／長岡仁美「保護者面談のとき，気をつけたいこと」2018 年 5 月号（No.477）／小原茂巳「お父さん，お母さん　ご安心ください」2017 年 7 月号（No.465）／今谷清行「保護者懇談会で黒ひげ危機一発！」2011 年 3 月号（No.376）／青木圭吾「親子参加型の懇談会で〈ハートでハートおりぞめ〉をやってみました」2018 年 2 月号（No.473）

5 授業参観・公開授業　高畠　謙「〈なぞのだるま暗号〉で授業参観！」2018 年 5 月号（No.477）／吉川辰司「予想をたてて楽しみました！」2003 年 7 月号（No.269）／中　一夫「子どもそっちのけの授業参観」2006 年 5 月号（No.309）／笹原寿生「『煮干しの解剖教室』で楽しい解剖」2013 年 12 月号（No.415）／小原茂巳「にこにこ♪ ドキドキ☆ 授業参観」1998 年 4 月号（No.195）

6 お役立ちグッズ　武藤実佐子「ハッピーバンジーで〈歳〉に願いを♪」2018 年 12 月号（No.485）／今谷清行「〈なみだくじ〉のススメ」2010 年 7 月号（No.367）／山路敏英「席替えと政治的配慮」2009 年 6 月号（No.352）

これで安心！新学期の定番メニュー

無断転載厳禁　©「たのしい授業」編集委員会

2020 年 3 月 10 日　　初版 1 刷（1200 部）

編者　「たのしい授業」編集委員会
発行　株式会社 仮説社
　　　〒170-0002　東京都豊島区巣鴨 1-14-5　第一松岡ビル 3 F
　　　Tel 03-6902-2121　　Fax 03-6902-2125
　　　E-mail：mail@kasetu.co.jp　　URL ＝ http://www.kasetu.co.jp/
印刷　シナノ書籍印刷株式会社　Printed in Japan
用紙　鵬紙業（本文＝淡クリーム琥珀 N 四六 Y62 ／カバー＝モンテルキア菊 Y77.5 ／表紙
　　　＝片面クロームカラー N 菊 T125 ／見返し＝タント N-60 四六 T100 ／口絵＝コート
　　　四六 Y90）
装丁装画　いぐちちほ

---●口絵写真を提供していただいた方々●---

- ・エナジースティックの生徒さん（金　晴美さん）
- ・切り絵（二宮聡介さん）
- ・おりぞめ〈たまモノ〉（江口　誠さん，峯岸昌弘さん）
- ・たまモノ〈ほっぺちゃん〉（今谷清行さん）
- ・懇談会でおりぞめ（青木圭吾さん）
- ・なみだくじ（今谷清行さん）
- ・ハッピーパンジー演奏会（武藤実佐子さん）

ISBN978-4-7735-0300-5